절대왕정의 탄생

차례
C o n t e n t s

03들어가며 14프랑스 왕정의 신성함 : 클로비스의 축성식 19 절대왕권을 위한 이론적 여정의 출발 25지상의 그리스도에서 살아 있는 신으로 44왕조국가의 폭발적인 긴장 52국가이성의 탄생 58절대왕정의 거울, 베르사유 69절대왕정은 수지맞는 장사였나? 81'절대'의 공허함

들어가며

　정말 매력적이다. 이보다 더 강력할 수는 없다는 듯이 그는 자신의 권력을 자랑했다. 누구를 이야기하는가? 프랑스의 그 유명한 절대군주, 루이 14세(1643~1714)의 이야기이다. 스스로를 젊은 아폴로라고 불렀고 자신이 거처하는 궁의 구석구석을 이름깨나 알려진 그리스 신들로 도배하듯 장식하면서 루이 14세는 프랑스의 국왕, 나아가 유럽의 1등 군주임을 자랑했고, 그렇게 신들과 어울려 살았다. 새로운 엘리제는 이제 파리에서 남서쪽으로 수십 리 떨어져 있는 베르사유에 자리잡았다. 베르사유궁의 정원에서 교태를 부리고 있는 온갖 식물들ー그 중엔 머나먼 나라에서 공수해온 이국적 식물들도 있다ー과 이탈리아산 대리석은 자연을 대표하여 태양 루이에게 복종한다. 그 화려한 '거울의 방(galerie des Glaces)'도 태양빛 없이는 무용지물일 뿐이다. 베르사유의 교훈? 태양 없는 자연이 무기력하듯이 루이 없는 프랑스 왕국은 존재하지 않는다. 왜? "짐이 곧 국가" 아니었나? 수학공식으로 풀어볼까? "Louis XIV=프랑스 국가!"

어떻게 이것이 가능했을까? 프랑스 국왕의 이 같은 '절대주의'적 지배체제는 그것이 불가능해 보이는 것만큼이나 매력과 혐오감을 동시에 불러일으켜왔다. 대략 16세기부터 18세기까지를 중심 무대로 하는 절대왕정은 시기적으로 유럽사회가 봉건사회를 탈피하여 근대적 발전 단계로 접어든 시점에 위치한다. 절대왕정 국가는 중세의 지방 분권적 정치체제를 지양하고 왕권을 중심으로 국가를 통일해 행정·사법·군사 면에서 중앙 집권을 달성하고자 했다. 특히 관료제의 발전과 용병을 주력으로 하는 상비군은 국왕에게 전국적인 행정력과 무력의 독점을 의미하는 것으로서, 왕권 강화의 첫걸음이었다. 여기에 조세 강화는 절대적인 왕권을 가능하게 한 또 하나의 필수 요건이었다. 하지만 비대한 관료제와 상비군 그리고 그것을 지탱해주는 조세 강화를 3대 요소로 하는 절대왕정은 하늘에서 갑자기 떨어진 신의 선물이 결코 아니었다. 그것은 중세 이래 프랑스 왕국이 창출해낸 여러 역사적 요인들의 복합적인 산물이었다.

사실 프랑스 왕정은 오래된 것이었다. 비록 15세기 말까지 프랑스 왕국이란 다양성을 특징으로 하는 서로 다른 땅들의 집합체에 불과했지만, 적어도 거기에는 한 명의 왕이 지배하고 있었다. 그리고 이러한 지배는 정당한 것이었다. 17세기까지도 권력의 근거에 대한 정당화는 언제나 자연의 여러 생물계와의 메타포를 통해 이루어졌다. 아직 평등과 혁명사상을 내포하지 않았던 18세기 이전의 자연과 자연법은 오히려 모든 형태의 권위와 지배 그리고 그에 대한 복종을 정당화해주었다. 그 어떠한 인간사회보다도 더 오래된 자연의 불변법칙에 따라 공적인 것(res publica)의 가장 원초적인 모델이 구성되었다. 게다가 그러한 자연의 질서는 또한 신의 것이었기에 신성한 것이기도 했다. 신이 창조한 이 세계는 모든 문제에 대한 답을 제공하는 거대한 책이었다. 우리가 전근대적이라고 부르는 사고방식, 즉 아날로그한 사고방식이 여기에 있다. 여왕벌을 위해 그들의 생명을 바칠 준비가 되어 있는 일벌들의 사회는 왕정체제가 왜 가장 우수한 정치체제인가를 증명해주는 결정적인 증거로 자주 인용되었다. 그리고 이러한 모델의 유용함은 사회가 위기에 직면했을 때 더 강력한 힘을 발휘했다. 왕정은 인류 역사상 가장 오래된 정치체제이자, 정당하고도 가장 자연스러운 것이었다.

물론 왕정이 정당한 것으로 여겨진다고 해서 곧바로 절대왕정으로 이어지는 것은 아니다. 자연적 정당성을 부여받은 프랑스의 왕은 또한 세습과 축성에 의해 최고의 사법권을 누리게 되었으며, 1438년 이후부터는 왕국 내부의 질서 유지 및 외부의 군사적 도전에 대한 왕국 수호를 위해 세금을 거두고 군대를 소집할 권리를 인정받았다. 15~16세기에 걸쳐 나타난, 눈에 보이지는 않지만 분명 거대한 변화인 국가의 등장은 전체 백성으로 하여금 공동의 이해관계가 존재하며 왕이야말로 그 진정한 수호자임을 인정하게 했다. 그리고 이제 왕은 사회의 여러 구성 부분들이 전통적으로 지녀왔던 다양한 형태의 권력을 흡수하기 시작했다.

중세 말기부터 통일국가로 발돋움하기 시작한 프랑스는 프랑수아 1세(1515~1547) 이래로 인구, 군사 면에서 유럽의 강대국의 지위를 넘보면서 합스부르크 왕조와 패권다툼을 벌여왔다. 그러나 프랑스의 절대왕정이 본격적인 발전의 길로 접어든 것은 종교전쟁과 더불어, 그리고 그 전쟁의 귀결이라고 볼 수 있는 부르봉 왕가의 앙리 4세(1589~1610)가 즉위하면서부터였다. 16세기 후반 프랑스 전체를 뿌리째 뒤흔든 30여 년간의 종교내전은 왕국의 질서에 지울 수 없는 흔적을 남겼다. 로마가톨릭교회의 추종자들과 개혁파 교회의 위그노(프랑스의 칼뱅교도) 사이의 투쟁과 폭력성은 크게 두 개의 적대적인 정치이론적 사유를 첨예하게 대립시켰다. 국왕의 권력을 제한할 것인가, 아니면 그 권력에 완전한 독립성과 절대주권을 부여할 것인가? 앙리 4세의 승리와 함께 프랑스는 후자 쪽을 선택했다. 자연의 교훈은 사회가 위기에 직면했을 때 더 강력한 힘을 발휘하는 것일까? 프랑스 종교전쟁은 인간사회의 불안과 무질서, 공공의 이익을 위협하는 질병들에 대한 치료제로서 절대적 왕권을 정치 교훈으로 제시했던 것이다.

앙리 4세는 즉위와 함께 1598년 낭트칙령을 통해 신교도에게 예배의 자유를 허용하고 종교전쟁에 종지부를 찍었다. 물론 그 결과는 당시로서는 유래 없는, 1국가 2종교라는 극적인 상황이었지만, 내전으로 피폐해진 프랑스 왕국의 재건을 위해서는 선택의 여지가 많지 않았다. 낭트칙령과 동시에 앙리 4세는 대외적으로 종교전쟁기 프랑스 내정에 깊이 간섭했던 에스파냐의 펠리페 2세와 베르벵(Vervins)조약을 체결함으로써 국제적인 평화를 안착시켰고,

앙리 4세(1589~1610).
나바르의 여왕 잔 달브레(Jeanne d'Albret)와 앙트완 드 부르봉(Antoine de Bourbon) 사이에서 태어난 앙리 드 부르봉은 여덟 살에 왕궁으로 보내져 발루아 왕가의 사촌들과 함께 성장했다. 독실한 칼뱅교도였던 어머니의 영향 하에 신교도 교육을 받은 그는 1569년 위그노 세력의 우두머리로 부상했다. 1572년 샤를르 9세의 누이인 마르거리트 드 발루아와 정략 결혼했으나 일주일 뒤에 벌어진 신교도에 대한 대대적인 학살이 자행된 성 바르톨로뮤 축일의 대학살과 함께 위기를 맞고 결국 가톨릭교로 개종했다. 그러나 왕궁 탈출에 성공한 뒤 다시 개신교로 개종, 앙리 3세가 사망하면서 프랑스 왕위를 계승했지만, 종교전쟁을 종식시키고 왕위에 오르기 위해 "파리는 미사 한 번 드릴 가치는 있다"는 유명한 말을 남기면서 다시 한번 가톨릭으로 개종했다. 모두 여섯 차례에 걸쳐 개종을 되풀이했던 그는 왕위에 오르자 제일 먼저 종교적 평화를 위해 낭트칙령을 반포하고 왕국의 질서와 재건을 위한 기틀을 마련했다.

파리 시를 재건하고 영구적 수도로 변모시키면서 왕의 존재와 권력을 한곳에 고정시켰다.

한편, 행정과 재정상의 개혁은 왕의 전폭적인 지지를 받은 신교도 출신인 술리(Sully)에 의해 이루어졌다. 술리의 절약정

「루이 13세」.
루벤스 작. 프랑스 왕실이 주문한 회화 중에서 거센 파도가 이는 바다 위에서 항해하고 있는 선박의 알레고리는 흔하게 이용되었다. 성 토마스 아퀴나스 이후 국가에 대한 선박의 비유는 진부한 담론이 되어버렸다. 국왕은 이 프랑스를 상징하는 선박을 이끄는 선장으로 묘사된다.

책과 농업장려정책을 통해 왕실의 재정상황이 개선되었고, 상공업에 대한 국가적인 장려책들도 보완되었다. 앙리 4세의 치세로부터 루이 14세에 이르는 1715년까지 프랑스의 '위대한 세기(le Grand Siècle)'가 이제 그 첫걸음을 내딛은 것이다.

앙리 4세의 뒤를 이은 루이 13세(1610~1643)와 그를 보위한 리슐리외 추기경(Cardinal de Richelieu, 1585~1642)은 가톨릭 국가이면서도 30년전쟁 동안 합스부르크 왕가에 맞서 신교도 세력을 지원하는 등, 중앙 집권적 왕권 강화를 위한 '현실 정치'를 구현했다.

"성경 대신 마키아벨리의 『군주론』을 품고 다닌다"는 비판

리슐리외 추기경의 해상제방건설(1629, La Rochelle).
1628년 루이 13세는 프랑스 중서부의 해안도시인 라로셸에 근거하고 있는 위그노의 반란에 맞서 무력진압에 나섰다. 라로셸의 위그노들은 영국함대로부터 원조를 받고 있었는데 이에 리슐리외는 영국함대의 접근을 막기 위해 제방건설이라는 대규모 공사에 착수했다. 결국 라로셸은 1629년 봄에 함락되었고 프랑스의 신교도 세력은 크게 약화되었다.

을 받았던 리슐리외는 국가이성을 왕국의 통치이념으로 확립하면서, 전문적인 능력을 갖춘 관료층을 기반으로 프랑스 전역에 걸쳐 합리적인 행정기구를 건설하고자 했다. 동시에 낭트칙령에 의해 '국가 내부의 국가'를 구성하고 있던 위그노 세력을 서서히 무력화시켰다.

1628년과 1629년 추기경은 위그노의 정치적, 군사적 보루였던 라로셸(La Rochelle)에 대한 포위 공격을 감행했고 연이어 남서부 지방에 있는 위그노의 근거지들을 차례로 굴복시켰다. "프랑스에 위그노 도당이 존속하는 한 국왕은 결코 그의 왕국에서 절대적일 수 없으며, 그의 양심이 열망하고 백성들이 필요로 하는 질서와 규범도 결코 수립될 수 없기" 때문이었다. 그는 대귀족의 음모를 가차 없이 처단하고 언제든지 반란의 근거지가 될 수 있는 성채들에 대한 체계적인 파괴를 시도했다. 귀족의 오래된 특권이자 자율성과 독립성의 상징인 결투 관행도 금지되었다. 왕국 내의 모든 물리적 힘에 대한 독점의 요구는 결투를 통한 귀족의 사적인 물리력 남용을 용인할 수 없었던 것이다.

이러한 일련의 권력 집중 과정의 절정은 지사(intendant)제의 창설이었다. 왕의 전권을 부여받고 지방에 파견된 관리였던 지사는 처음에는 한시적이고 특정한 임무만을 부여받았지만 점차 상임직으로 변화했다. 다른 관직과 달리 매매가 불가능했던 지사직에 임명된 이들은 왕국 곳곳에서 절대군주의 권력을 대표했고, 각 지방의 오랜 특권과 지방관리의 관할권을 침해하면서 막대한 권력을 행사했다. 추기경은 왕권 강화를 위해 수단과 방법을 가리지 않는 마키아벨리주의적인 모습을 유감없이 보여주었다. 또한 1302년 필립 4세와 교황 보니파키우스 8세가 투쟁하던 과정에서 태어난 삼부회는 이후 일종의 대의기관으로 발전했지만 1624년을 마지막으로 150년간 프랑스 정치사에서 자취를 감추게 되었다.

하지만 이러한 절대왕권의 수립은 결코 순탄한 여정을 걷지는 않았다. 경우에 따라 왕권에 대한 저항과 위협은 치명적이었으며,[1] 최소한 17세기 말까지 절대주의는 여전히 논쟁거리로 남아 있었다.[2] 사소한 저항과 갈등은 말할 나위도 없지만, 절대왕정을 가장 크게 위협했던 사건은 바로 프롱드의 난(1648~1653)이었다. 리슐리외의 뒤를 이어 재상이 된 이탈리아인 마자랭(Mazarin)이 섭정 모후 안느 도트리슈(Anne d'Autriche)를 보위하면서 추진했던 절대왕정의 현실정치는 내란을 맞아 심각한 위기에 직면하게 되었다. 점차 그 세력이 약화되어가던 귀족들의 마지막 거친 숨결이라고 할 수 있을 이 프롱드의 난은 한때 어린 루이 14세로 하여금 수도를 포기하고 도피를 감행하게 할 만큼 위협적이었다. 그러나 귀족들의 저항은 결국 군사적인 패배와 일련의 타협을 거치면서 실패로 돌아갔다. 귀족들은 왕권의 독립성을 인정했고, 이제 왕권의 부속물로서 왕정에 기생하면서 자신의 이익을 얻는 데 만족하기에 이른다. 마지막 저항을 극복한 프랑스 왕정은 태양왕 루이 14세와 함께 절대왕정의 절정기에 들어서게 된다.

루이 14세는 1661년 국왕의 직접 통치를 선언하면서 파란을 일으켰다. 흔히 1661년의 혁명이라고 불리는 이 결정은 사실 그다지 힘든 것은 아니었다. 국가의 행정기능은 이미 정비되어 있었고, 관리들은 왕에게 충성했다. 통치의 안정은 새로운 거처를 필요로 했고, 왕은 파리를 떠나 베르사유에 새로운 거처를 마련했다. 베르사유궁은 이제 전 유럽을 대표하는 왕궁이면서 새로운 지상의 신으로 자처했던 절대군주의 샹젤리제가 될 것이었다. 치밀하게 계산된 이 공간에서 왕은 귀족을 통제했고 끊임없이 그가 유일한 주권자임을 각인시켰다. 태양의 신 아폴로가 자연을 지배하듯 이곳에서 루이 14세는 프랑스의 절대적인 지배자로 군림할 것이었다.

루이 14세는 1685년 퐁텐블로칙령(l'Edit de Fontainebleau)을

반포하면서 앙리 4세가 제정한 낭트칙령을 폐기시켰다. 이로써 "하나의 신앙, 하나의 법 그리고 오직 하나뿐인 국왕"이라는 오랜 정치적 원리가 실현되었다. 그리고 절대주의는 이제 프랑스 사회의 모든 것을 움직이는 규범이 되고자 했다.

프랑스의 절대왕정에 대한 이해를 도모하고자 하는 이 책은 먼저 절대왕정이론의 형성 과정과 그 특징에 주목하고자 한다. 프랑스 왕정의 탄생과 절대왕정으로 거듭나는 역사적 과정 속에서 국가와 국왕이 하나임을 주장한 절대적인 권력에 대한 정당화의 시도는 분명 지난한 노력의 결과였다. 이러한 이론적 논의는 근대 정치사상의 중요한 출발점을 구성하고 있지만, 이 절대주의이론에는 분명한 한계와 내재적인 모순이 자리하고 있다. 이론적인 모순과 동시에 우리는 놀라울 정도로 화려한 사변과 이론 뒤에 숨어 있는 절대왕정의 현실을 간과할 수 없다. 눈부신 이론이 절대주의의 낮이었다면, 신의 지상 대리인을 자처한 절대군주가 직면했던 현실은 어쩌면 어두운 밤에 비유될 수 있을지도 모른다. 우리는 이 문제를 주로 왕실(혹은 국가)의 재정 문제에 초점을 맞추어 조명할 것이다.

때로는 젊은 아폴로로서, 때로는 구약시대의 느부갓네살이라는 양면적인 평가를 받아온 태양왕 루이 14세 아래에서 프랑스에는— 그토록 오랜 혼란과 저항에도 불구하고 — 국왕의 절대권력과 백성의 절대복종을 매개로 하는 권위적인 통치체제가 수립되었다. 그리고 후대의 역사가들은 이를 가리켜 절대주의라는 이름을 붙여주었다. 이론과 현실을 대비시키면서 우리가 풀어보고자 하는 문제는 다음과 같다. 프랑스의 절대왕정은 과연 '어느 정도' 절대적이었는가? 이것이 이 책의 기본적인 문제의 식이다.

프랑스 왕정의 신성함 : 클로비스의 축성식

"시캄브르인이여, 겸허하게 머리 숙여라.

네가 경배하던 것을 불태우고, 네가 불태웠던 것을 경배하라!"

("Courbe humblement la tête, Sicambre,[3]

brûle ce que tu as adoré, adore ce que tu as brûlé!")[4]

5세기 말(혹은 6세기 초)[5] 랭스(Reims)의 주교 레미(Rémy)가 메로빙(Méroving) 왕조의 창시자인 클로비스(Clovis)에게 세례를 베풀면서 내던진 이 말과 함께 왕정국가 프랑스는 시작되었다. 가톨릭 왕정국가였던 프랑스의 상징적인 출생신고서인 이 세례와 더불어 프랑스인들은 그들이 신성하며 보편적인 소명을 부여받은 선민이라는 뿌리 깊은 의식을 지니게 되었다.

"프랑스를 만든 30대 사건"이란 유명한 총서 시리즈의 첫 권을 장식하고 있는 이 사건을 상기해서였을까? 1998년 프랑스를 방문한 교황 요한 바

클로비스의 세례식. 비둘기 모양을 한 성령이 클로비스에게 세례를 베푸는 주교 레미에게 성유병을 전달하고 있다.

오로 2세는 오랫동안 '교회의 장녀'로 간주되었던 이 나라에 대해 다음과 같은 주문을 던졌다. "프랑스여, 너의 세례를 기억하라!" 중세 프랑스 왕정이 발전하면서 이 사건은 정치적으로 끊임없이 재해석되었고, 프랑스의 왕에 관한 신성한 이데올로기의 형성에 기초를 제공했다. 클로비스는 세례식과 성유에 의한 도유식(塗油式)을 통해 왕위에 올랐고, 그 결과 프랑스에서 왕정은 지극히 정당하며 나아가 신성한 질서로 확립되었다.

클로비스의 세례에 대해 우리가 알고 있는 대부분의 지식은 투르의 그레고리우스(Grégoire de Tours, 538~594)로부터 출발한다. 프랑크족의 첫 역사가라고 볼 수 있는 이 주교의 저작 『프랑크인의 역사』는 천지창조로부터 시작하여 구약과 신약 시대를 거쳐 골 지방에서 그리스도교가 출발하기까지의 역사

15

를 서술하고 있다. 그리고 그 결과는 바로 신의 섭리에 의한 프랑크인의 역사였다. 느닷없이 유대인의 후예가 된 프랑크인들은 이제 새로운 선민이 되었고, 투르의 그레고리우스에게서 이제 새로운 선민의 역사가 시작된 것이다. 이후 프랑스 왕정은 유럽 그리스도교 세계의 다른 군주들 사이에서 남다른 지위를 주장할 수 있도록 해준 '진정 그리스도교적인 국왕(rois très chrétiens)'이란 칭호를 지니게 되었다. 훗날 미남왕 필립(Philippe le Bel)이 교황에 맞서면서 내세운 것도 바로 '진정 그리스도교적인 국왕'의 이름이었다.

그리고 이러한 자부심은 878년경 랭스의 주교 힝크마르(Hincmar, 845~882)가 집필한 『성 레미 전기』에서 새로운 원동력을 얻게 된다. 대머리왕 샤를르(Charles le Chauve, 840~878) 곁에서 정치적으로 결정적 역할을 수행했던 이 주교는 투르의 그레고리우스 외에도 다른 전통들을 접목시키면서 클로비스의 세례식에 관하여 새로운 이야기들을 첨가했다. 내용은 이렇다. 클로비스의 세례식장에 모인 수많은 인파들 때문에 당시 성유를 가져오던 성직자는 세례식장에 접근할 수 없게 되었다. 그러자 주교는 두 팔을 벌린 채 하늘을 향해 기도하기 시작했는데, 바로 그때 '눈보다 더 하얀' 비둘기가 놀라운 향기를 내뿜는 성유병을 입에 물고 세례식장으로 날아왔다는 것이다. 주교 레미는 그 병을 받아들어 성스런 기름을 세례탕에 붓고는 클로비스의 이마에 성유로 십자가를 그으면서 세례를 행했다. 힝크마르는 요르단 강에서 벌어진 예수의 세례와 클로비스의 세례를 길게 비교하면서 투르의 그레고리우스에게 '새로운 콘스탄티누스'였던 클로비스를 '새로운 그리스도'로 묘사했던 것이다.

클로비스의 세례와 클로비스의 국왕 즉위식 및 축성식[6])을 결합시킨 것도 힝크마르의 업적이라고 할 수 있다. 골에서 처음으로 축성식을 받은 왕은 카롤링 왕조의 페팽 단신왕이었다 (751). 축성식은 클로비스의 후손이자 메로빙 왕조의 마지막 임금을 폐위시키고 새 왕조를 개창한 페팽에게 권력의 정당성을 부여해주었다. 이 축성예식은 구약시대 왕들의 이야기에서 영감을 얻었다고 전해지는데, 여기에서도 절정은 도유식이었다. 869년 9월 9일, 힝크마르는 여섯 명의 다른 주교들과 함께 메츠 대성당에서 대머리왕 샤를르를 로타링기아의 왕으로 축성했다. 힝크마르는 이 자리에서 클로비스가 성 레미의 설교에 의해 개종했고 랭스에서 "아직도 우리가 간직하고 있는 하늘에서 내려온 성유에 의해 도유되었고 축성받은" 왕이라는 사실을 상기시켰다.

프랑스의 왕은 랭스에서 성유에 의해 축성되어져야 한다는 사실이 일반적으로 받아들여지기 시작했다. 성유와 클로비스의 세례는 프랑스 왕정의 신성함을 위한 단단한 출발점을 제공했다. 14세기 초반, 마를리(Marly) 숲 언저리에 위치한 주아앵발(Joyenval) 수도원의 한 성직자는 세 개의 백합으로 장식된 문장을 클로비스에서 유래한 것으로 간주했다. 샤를마뉴의 것으로 알려진 국왕기 또한 15세기에 와서 클로비스의 손에 들려지게 되었다. 15세기 말에 이르러 세밀화나 기도서 삽화는 연주창(連珠瘡)을 치유하는 클로비스를 그리게 되었다.

중세 말, 클로비스는 프랑스 왕국을 건설한 성인으로 높여졌다. 공식적으로는 결코 시성(諡聖)된 바 없음에도 불구하고, 공적 문서에서 우리는 '성 클로비스'라는 표현을 발견하게 된다. 더불어 '왕의 종교'를 위한 수많은 성소들이 세워지고 프랑크 역사상 최초의 가톨릭 국왕을 향한 숭배 관행이 발전하였다. 클로비스의 시대는 성왕 루이의 시대와 같은 것으로 여겨졌다. 즉, 군사적 영광으로 빛나며 정의와 평화가 지배하던 '좋은 시절'로 회상되기에 이른 것이다. 그리고 프랑스 왕정은 이제 그 시초부터 자연스러운 체제이면서 동시에 신성한 것으로 여겨질 수 있는 역사적인 근거를 쉽게 찾을 수 있었다.

물론 이것으로도 벌써 충분할지 모른다. 프랑스 왕국, 즉 'Francia'는 그 자손들에게 이곳이 자유인(franci)의 나라이면서 새로이 선택된 사람들의 조국임을 암시했다. 신은 특별한 사랑으로 프랑스를 감싸안았고, 그리스도는 특별한 은총으로 프랑스를 명예롭게 했다. 그곳에 성령이 있다. 그리고 그 성령에 의해 특별한 국왕이 프랑스를 지배했다. 동레미(Domremy)의 처녀 잔 다르크는 영국인들에 대해 "프랑스의 성역에 맞서 싸움을 벌이는, 즉 왕 예수에 맞서 전쟁을 수행하는 사람들"이라고 말했다던가?

절대왕권을 위한 이론적 여정의 출발

    절대주의란 이론적으로 그리고 현실적으로 국가의 모든 권력이 군주의 배타적인 권위에 의존하며 오직 그것에 의해 행사되는 통치방식이라고 정의될 수 있다. '절대'란 무엇인가? 사실 프랑스어에서 접미사 'isme'이 따라 나오는 절대주의(absolutisme)는 절대주의 시대에는 존재하지 않던 단어였다(이 용어는 아마도 1797년에 처음 사용된 것처럼 보인다). '절대(absolu)'라는 말은 그 어원상 라틴어의 '해방하다' 혹은 '분리시키다'라는 의미를 지닌 동사 'absolvere'의 과거분사 'absolutus'에서 유래했다. 그리하여 그 단어는 대개 완전히 자유로운 그리고 독립적이며 완성된, 그래서 절대적이라는 의미로 확대해석되었다. 프랑스혁명기의 열정적인 분위기 속에서 절대주의란 용어는 곧 구체제와 동일시되었고, 특히 자의적이며 즉흥적인 정부형태, 다시 말해 전제정과 동의어로 간주되었다.

유럽에서 절대주의라는 정치적 사유는 언제쯤 출현했을까? 일반적인 설명은 다음과 같다. 절대주의에 관한 이론은 중세 말기 그리고 르네상스시대에 태동하기 시작하여 17세기에 승리를 구가했고 계몽시대에 사양길로 접어들었다는 것이다. 프랑스를 예로 들자면 그것은 프랑수아 1세(1515~1547)에 도약했고, 장 보댕과 샤를르 루아조와 같은 16세기의 사상가들에 의해 이론적 기초가 수립되었다. 그 후 리슐리외 추기경과 마자랭의 현실정치를 위한 노력을 기반으로 하여 루이 14세 시대에 유럽에서 가장 전형적인 절대주의가 완성되었고, 주교 보수에(Jacques-Bénigne Bossuet)에 의해 가장 완성된 정치제도로 예찬받았다고 설명된다. 그러나 실망스럽게도 절대주의는 이보다는 훨씬 나이가 많은 편이다. 사실 역사학의 일반적 시대 구분에서 '근대'와 '절대주의'라는 체제 사이의 필연적인 연관성을 주장하는 것은 시대 구분 그 자체만큼이나 별로 설득력이 없어 보인다. 절대주의는 그 일반적인 시대 구분을 따르자면 오히려 중세의 자식이라고까지 말할 수 있기 때문이다.

중세의 법률가들은 '주권'7)의 개념을 논하면서 이미 그 절대적인 특성을 암시했다. 유럽에서 주권에 대한 논의가 활발해진 것은 교황국가와 세속국가 사이의 정치적 격변을 경험한 12세기였지만, 이보다 앞서 11세기 말부터 재발견되기 시작한 로마법사상 그리고 모든 정의의 원천이자 유일한 입법자인 황제에 의해 만들어지는 사회질서에 대한 여러 기록들은 중세의 법학자들을 매료시키기에 충분했다. 이제 법률가들이 해야 할 일은 이러저러한 황제권을 교황에게, 독일황제에게 혹은 유럽의 주요 군주들에게 이전시키는 것이었다.

그러한 과정에서 국왕 권력을 특징짓는 네 가지 개념이 형성되었다. 먼저 가장 포괄적인 개념으로서 통수권(imperium), 즉 군사적·비군사적인 최고 명령권이 제시되었다. 프랑스 국왕에게 이 통수권이 이론적으로 부여되기 시작한 것은 13세기 중엽으로 보인다. 통수권을 지니게 된 국왕은 봉건적인 계약관계를 초월하여 사회의 최고 지위에 도달했다고 주장하는 것이 가능하게 되었다.[8] 훗날 보댕도 로마법에 의거하여 '최고 권력' 또는 '최고 권위'를 의미하는 통수권 개념을 차용했고, 보댕 이전에 독일 신성로마제국의 이론가들은 14세기 초 볼로냐 대학의 주석집에서 이 개념을 사용했다.[9] 주권의 두 번째 특징은 존엄함(maiestas)이었다. 국왕의 존엄은 정확히 국왕의 권력이 다른 어떤 권력과도 비교될 수 없음을 의미한다. 그것은 언제나 '최상(maius, major)'의 것으로, 결코 축소되거나 약화될 수 없다. 이러한 존엄에 대한 모든 도전은 범죄이며 동시에 신성모독으로 간주된다. 세 번째, 권위(auctoritas)의 개념은 최고 정치권을 의미하며 단순한 행정권과 구별된다. 권위에 의해 군주는 외국에 대해서 그리고 자신의 백성들에 대해 스스로 주권자라고 선언할 수 있게 된다. 마지막으로 입법의 능력

(iurisdictio)이 존재했다. 이것은 문자 그대로 법을 말하는 그리고 판결하는 권한(ius+dicere)이다. 이에 의거하여 "왕의 마음에 흡족한 것(Quod principi placuit)", 그것이 곧 법이 될 수 있었다.

통수권, 존엄, 권위와 입법권, 이 모든 것을 스스로 갖추었다고 주장하는 왕이 11세기에 있었다면 그는 분명 심한 과대망상증을 앓는 환자로 비쳐졌을 것이다. 하지만 12~13세기에 들어서면서부터 로마법과 교회법으로부터 빌려온 이 단어들은 공법체계에 침투하기 시작했고, 서서히 그것을 길들여버렸다. 법은 현실을 앞서기 시작했다. 이제 법률가들은 최정상에 집중된 권력의 개념을 형성했고, 프랑스 왕정은 이러한 이론적 힘을 바탕으로 조금씩 지배적인 영주권을 획득했다. 왕들은 자신의 가신들로부터 신서와 봉사를 받았으며, 영지와 법정에서 종주권을 누렸다. 13세기부터 왕은 입법권, 징세권, 특수한 권리들과 같은 국왕특권(regalia)이라고 부르는 권력을 갖게 되었다. 14세기 말엽에 기욤 플레시앙(Guillaume Plessian)이 제시한 "자신의 왕국에서 국왕은 황제이다(Rex Franciae in regno est imperator)"라는 원칙은 프랑스의 왕이 그 기원에서부터 황제에 대해 독립적이었다는 것만이 아니라 왕은 자신의 왕국에서 로마 황제가 누렸던 모든 특권을 보유한다는 것을 의미했다. 14세기의 법률가들은 절대권력에 관한 로마인들의 이론을 적용시키고자 했다. 이러한 중앙 집권적 왕권은 지방의 저항에도 불구하고 조금씩 하위 권위들에 대한 우위를 확보해나갔다. 그리하여 보댕이 주권 개념을 이론화했을 때 그는— 비록 로마법과 프랑스의 역사에 대해 비판적인 입장을 견지하긴 했지만— 로마의 '완전한 명령권(verum imperium)'이란 개념과 프랑스 왕권의 신장 모두에 의거할 수 있었다.[10]

중세의 주권 개념들 가운데 절대주의와 관련된 또 다른 개념으로 우리는 '전권(plenitudo potestatis)'을 설명할 필요가 있다. 1200년경 이 표현의 사용을 둘러싸고 교회법학자들이 격렬한 논쟁을 벌인 바 있는데, 이 전권은 교황에게 기존의 법과 배치되는 결정을 내리는 것을 정당화해주었다. 전권은 과거의 교회 관행 및 규칙과 배치될 수 있는 교황의 법적 행위를 정당화한다. 이 개념에 따라서 교황은 '법으로부터 해방된(legibus solutus)' 자이며 '가슴속에 모든 법을 품고 있는 자(omnia jura in scrinio pectoris sui)' 또는 아예 '살아 있는 법(lex animata)'이라고 주장되었다.

교황의 전권 개념은 '일반권'과 '절대권' 두 가지로 구분되는데, 먼저 일반권은 명확한 규범과 질서 하에서 행사되는 교황의 권위를 표현했고, 절대권은 유사시 행사되는 권력을 의미했다. 후자에 의거하여 교황은 제한 없이 권력을 행사할 수 있었다. 이 두 번째 권력이 행사되기 위해서는 다른 정당한 사유를 제시할 필요 없이 그저 '특별한 은혜로(de grâce spéciale)' 혹은 '법과 관계없이(nonobstant la loi)' '특정한 사유로(de certaine science)' 등의 간단한 문구를 첨가하는 것으로 충분했다. 14세기에 이르러 이러한 로마법과 교회법의 개념과 공식들은 프랑스의 세속적인 정치사상뿐 아니라 통치 관행에까지 침투했다. 카페 왕조의 국왕들은 '전권과 왕의 권위'를 내세우면서 새로운 입법을 시행했고, 그러한 법의 전문에 종종 '특별한 사유(certaine science)'를 들먹이면서 그들이 정상적인 법체계를 위반하고 있음을 분명히 자각하고 있다는 것을 보여주었다.

지상의 그리스도에서 살아 있는 신으로

　2001년 가을, 서울 극장가에 음악과 역사의 만남을 영상에 옮기는 작업으로 유명한 제라르 코르비오(Gérard Corbiau)의 신작 「춤추는 국왕 *Le Roi danse*」이 소개된 적이 있다.[11] 비록 일주일이 채 안 되어 종영되고 말았지만 「춤추는 국왕」은 「파리넬리」와 마찬가지로 역사 속의 음악인—이탈리아 출신으로 루이 14세의 궁정음악가가 된—룰리(Lully)의 이야기를 그리고 있다. 루이 14세의 열렬한 숭배자였던 룰리는 젊은 태양왕의 권위와 위세를 북돋우는 궁정음악의 제작자였고, 영화는 룰리의 궁정음악, 특히 무도회곡 혹은 공연용 작품들을 소개했다.

　코르비오 감독은 이 작품을 소개하면서 20년 전 출간된 아포스톨리데스의 연구[12]에서 많은 영감을 받았다고 언급한 바 있다. 아포스톨리데스에 따르면 루이 14세의 베르사유궁에서 벌어진 수많은 무도회와 공연은 결국 귀족 길들이기, 봉건귀족의 궁정인화를 도모하기 위한 도구였다. 무도회는 프롱드적인 기질을 가진 귀족들에 대한 절대왕정의 승리를 표현하는 무대였던 셈이다. 태양의 이미지를 자신의 표상으로 삼은 군주는 자신을 중심으로 왕국의 세 신분들이 통합되었음을 음악과 공연을 통해 표상(representation)[13]하기를 원했다. 궁정 무도회는 단순한 '딴스'의 경연장이나 밤의 열기를 불태우려는 젊은 남녀들의 몸부림터가 아니라, 절대주의 권력의 상징적인 예식이자 표상이었던 것이다.

이러한 표상과 상징에 대한 연구는 역사가들에게 그리 낯선 것은 아니다. 1980년대 이후로 비교적 활발하게 진행되었던 국왕의 장례식과 축성식, 입성식, 친림법정(lits de justice)의 의례와 같은 주제들에 대한 연구는 표상과 상징이라는 시각에서 접근·분석되었고, 근대 초기의 서구 왕정을 다른 시각에서 이해하도록 도와주었다. 특히 구체제 프랑스 왕정에 대한 연구들은 왕정의 정교한 예식과 그것이 지닌 상징과 은유의 체계를 밝힘으로써 절대주의 국가의 본질을 사상사나 사회경제사가 아닌 다른 시각에서 제시했다. 이를 통해 군주의 신체와 전체 백성으로 이루어진 또 하나의 신체와의 결합을 궁극적인 목적으로 하는 절대주의 정치체제의 본질을 시각적으로 보여준 것이다.

왕정국가의 가장 주요한 표상이 국왕의 이미지였다는 데에는 큰 이론의 여지가 없어 보인다. 그러나 국가가 왕의 이미지에 의해 표상되기까지의 과정은 그리 간단한 것이 아니다. 봉건적 영역의 개념이 아닌 공적 개념의 영속적인 추상물인 국가가 살아 숨쉬는 군주, 즉 시간의 흐름에 굴복할 수밖에 없는 '일시'적인 인간에 의해 형상화된다는 것은 말만큼 쉬운 일이 아니다. 다시 말해서 왕이 국가의 이미지임을 자처하기 위해서는 이를 정당화하는 나름의 이론적 정지작업이 필요했는데, 정치이론가들이 일찍이 발전시킨 이론은 왕의 신성함과 이를 뒷받침하는 '왕의 두 신체'라는 교리였다.[14]

왕의 두 신체

절대주의 정치이론의 발전에 결정적인 공헌을 한 것은 바로 국왕의 신성화 작업이었다. 모든 제약으로부터 해방되어 오직 신에게만 책임을 지는 절대군주를 내세운 17세기 프랑스 왕조국가는 왕권신수설로부터 출발하여 국왕을 신의 살아 있는 현신으로 만들고자 했다. "진정한 황제이자 군주로서의 교황의 권위 하에 로마가톨릭교회의 계서제(階序制)적 기구는 점차 신비주의적 토대 위에 성립한 합리적이고 절대적인 군주제의 완벽한 원형이 되고자 했던 한편, 동시에 국가는 합리적 토대 위에 성립한 신비한 군주제, 즉 준(準)교회가 되려는 경향을 보여주었다."[15] 이러한 군주의 신성화는 역설적이게도

「성모에게 왕관을 바치는 루이 13세」.
필립 드 샹파뉴 작. 1638년 프랑스는 공식적으로 신교도의
편에서, 다시 말해 가톨릭국가에 대항하여 30년전쟁에 개입
하게 되었다. 루이 13세와 리슐리외 추기경은 프랑스의 이
러한 반가톨릭적인 정치적 결정에 나름대로의 대의명분을
제시해야 했고, 그들의 결정이 가톨릭 세계의 이익과 평화
를 위한 것임을 선전할 필요가 있었다. 1637년 12월 파리
노트르담 성당에서 엄숙히 거행된 이 행사는 리슐리외 추기
경과 죠세프 신부(the father Joseph, capucin)가 치밀
하게 준비한 한 편의 정치적 연극이었다. 다른 한편 샹파뉴
의 그림은 신성화를 지향하는 프랑스 절대왕정의 의지를 절
묘하게 묘사하고 있다. 왕위의 상징을 헌사받는 성모는 십
자가에 못 박혀 숨을 거둔 예수를 안고 있다. 루이 13세의
지휘봉이 가리키는 방향에 주목할 필요가 있다.

왕정의 자율성과 합리화를 가능하게 하는 조건이었다.

왕의 신성화 작업은 당연히 종교적인 도구들을 사용했고 당시의 교회에서 그 모델을 찾았다. 13세기 이래 그리스도교 신학은 성찬식을 통해 인간과 신 사이의 진정한 결합이 이루어진다고 주장해왔는데, 이에 따라 그리스도교도들의 공동체인 교회를 '그리스도의 신비한 몸'으로 정의했다. 그럼으로써 교회는 자신의 영속성을 보다 확실하게 주장할 수 있었던 것이다. 이 새로운 신학적 개념은 왕정의 정치사상을 쉽게 감염시켰다. 그리스·로마문화로부터 내려온 유기체적 은유의 오랜 전통과 다양한 의미, 그리고 그리스도교 신앙의 가장 신비한 존재와의 결합이 부여하는 위신과 매력은 인간인 군주와 그가 일시적으로 보유할 왕위, 그 왕위가

지닌 존엄함과 같은 불멸의 신체가 지닌 특징 사이의 신비한 관계를 묘사하기에 적절한 도구였다. 교회가 '그리스도의 신비한 몸'이듯 절대주의 하에서 국가는 '국왕의 신비한 몸'이 될 수 있었다.

게다가 트렌토공의회 이후 재정비된 교황의 중앙통제력과 입법에서 그가 행사하는 전권은 영국이나 프랑스에서처럼 세속 국왕들을 매료시키기에 충분했다. 그들은 법으로부터 해방되어 오직 신만이 자신들에게 책임을 물을 수 있다고 주장했고 차츰 스스로 신의 형상임을 자처했다. 자신의 종교의식을 발전시키면서 루이 14세는 주저 없이 다음과 같이 진술한다. "신의 자리를 차지하면서 우리는 신의 권위와 지식에 참여하고 있다." 그러자 보수에는 "비록 언젠가는 사망할 운명을 지니고 있을지라도 국왕은 신입니다"[16]라고 화답했다.

자연스럽게 드는 의문은 어떻게 이러한 신성화가 가능한가라는 점이다. 시간의 노화에 굴복하며 희로애락과 생로병사의 포로일 수밖에 없는 국왕이 신의 영역을 침범하는 것이 어떻게 가능한가? 여기서 우리는 '왕의 두 신체'라는 중세의 기묘한 정치신학 교리를 발견하게 된다. '왕의 두 신체'란 무엇인가? 영국 튜더 왕조 시대의 법률가들이 사용했던 한 은유를 빌어보자.

보통법에 따라 국왕이 국왕의 자격으로 행한 그 어떠한 행위도 그가 미성년이란 사실에 의해 효력을 상실하지는 않는다. 국왕은 자신 안에 두 개의 신체를, 즉 자연적 신체와 정치적 신체를 갖는다. 그의 자연적 신체는 소멸할 운명을 지닌 신체이며 유년기와 노년기의 결함 또는 다른 사람들의 자연적 신체에 나타날 수 있는 것과 유사한 결함들, 자연과 우연에 의해 발생하는 모든 결함들을 지니고 있다. 그러나 그의 정치적 신체는 보이지도 않으며 만져지지도 않는 신체로서 정치적 사회와 정부로 구성되어 공공선을 관리하고 인민을 지도하기 위해 만들어졌다. 이러한 신체는 자연적 신체가 노출되어 있는 유년기나 노년기 그리고 다른 모든 허약함과 자연적 결함들을 갖지 않는다. 이러한 이유에서 정치적 신체로서의 국왕이 한 일은 그의 자연적 신체가 지닌 어떠한 무능력 때문에 무효화되거나 취소될 수 없다.[17]

위의 글에서 우리는 보통의 인간으로서 필멸할 수밖에 없는 왕의 자연적 신체와 공공선을 구현하는 왕의 정치적 신체라는 두 신체를 만나게 된다. 이 두 신체는 왕에 의해 하나로 결합된다. 정치체로서 국왕이 행한 일은 그의 자연적 신체에 의해 효력을 상실하거나 좌절되는 법이 없다. 16세기의 법률가들은 오직 하나의 인격으로 구성된 일종의 법인체(corporation)를 창조했고, 하나의 인격에 두 개의 몸―자연적 신체와 정치적 신체―을 결합시킨 왕의 존재를 만들어냈다. 자연과 우연으로부터 발생하는 모든 허약함에 종속된 자연적 신체는 국왕의 인격 안에서 유약할 수도 노약해질 수도 없는 정치적 신체를 만난다. 사적 개인으로서의 군주는 국가를 체현하는 허구적 인격으로서의 군주와 구별된다. 이러한 구별은 한 국왕 안에서 두 개의 신체를 구분짓는다. 첫 번째 국왕은 개별적인 인간으로 여느 백성들과 마찬가지로 온갖 제약에 종속된다. 반면 두 번째 신체는 결코 사라지지 않는 상징적 신체를 소유한다. 중세의 왕권에 대한 정치이론적 사유의 특징 중 하나는 바로 그리스도 중심론이었다. 국왕은 지상의 그리스도라고 여겨진 것이다. 하느님의 아들과 국왕 사이에 차이가 있다면, 그것은 전자가 본질적으로 이중본성을 지닌 반면 후자는 축성식과 도유에 의해 두 신체를 갖게 되었다는 것뿐이다. 하지만 이러한 차이는 그다지 중요하지 않다. 본질적이건 축성에 의해서건 그 권능은 동일했기 때문이다.

아타나시우스의 신학—예수 그리스도는 두 개의 본성, 즉 신성과 인성을 지닌 하나의 인격이라는 교리—을 연상시키는 이 정치적 사변은 사실 13세기 이래 최소한 17세기 중엽까지 지속적으로 논의되어왔고 왕정정치사상의 형성에서 대단히 중요한 역할을 해왔다.[18] 그러나 왕의 두 신체에 관한 근대 초의 몽환적인 묘사를 접하노라면 거기에 조롱을 퍼붓고 싶은 강한 욕망을 느끼는 것은 어쩔 수 없다. "법적으로 국왕은 결코 죽지 않으므로 국왕은 불멸의 존재이다" "국왕은 법적으로 결코 미성년이 될 수 없다" "국왕은 그의 행동에서 결코 잘못을 저지를 수 없을 뿐 아니라 잘못 생각할 수조차 없다" "국왕은 결코 그릇된 일을 하고자 하는 의도를 품을 수 없으며, 그에게 비이성적인 면이나 나약함은 있을 수 없다"든가, 아예 한술 더 떠서 "국왕은 눈에 보이지 않는 존재이며,[19] '정의의 원천(샘)'인 국왕이 재판을 직접 주관하지 않을지라도 그는 법적으로 편재(遍在)한다" 등 국왕의 허구적 인격(persona ficta)이 지닌 '절대완벽'의 초인 상태에 대한 설명은 그야말로 점입가경이다. 그런데 인간에 의해 창출된 이러한 유형의 비현실성은 — 사실 그것은 스스로 만든 창조물의 노예가 되어버릴 인간정신의 기묘한 산물인데 — 대개의 경우 법이나 정치 그리고 헌정질서와 같은 절도 있고 현실적인 영역에서보다는 오히려 종교적이고 신비적인 영역에서 더 쉽게 발견되는 것들이 아닌가?

그러나 명백히 애매하고 또 여러 가지 면에서 거북하기까지 한 국왕의 두 신체 개념은 중요한 '발견적 허구(heuristic fiction)'를 제공한다. 특정한 시기 동안 서유럽의 법학자들은 이 발견적 허구를 통해서 고대법과 근대법을 조화시키고 통치와 지배에 관련된 비인격적 개념들(예를 들어 국가의 재정이나 법)을 인격적인 것들(국왕 혹은 관리들)과 조화시키고자 했다.[20] 1100년경에 나타난 엄밀히 신학적인 내용의 국왕이중성 주장은 이후 로마법의 영향 하에서 신학적인 내용을 완전히 감추지는 않은 채, 또 다른 이론의 틀 위에서 개진되었다. 법률가들은 법의 사도임을 자처하면서, 법 앞에서 이중적인 국왕, 국왕을 법 위와 아래에 동시에 위치시키는 이론을 등장시켰다.

법 제정자인 왕이 법 아래에 위치해야 한다는 주장은 로마법에서뿐만 아니라 그리스도교 신학 안에서도 그 근거를 발견할 수 있었다. 신의 아들이었지만 예수는 로마시민의 자격으로 인류에 등록되었고 결국 로마법관에 의해 평범한 로마시민으로서 처벌받았다. 신의 아들로서 그리스도는 스스로 법에 복종했다. "하느님의 것은 하느님에게로, 가이사르의 것은 가이사르에게"라는 가르침을 스스로 실천에 옮긴 것이다. 사실이 가르침은 당혹스럽다. 티베리우스와 예수 사이에는 어떠한 관계가 있는가? 여기에서 다시 이중인격의 논리가 작용한다. 세금을 바치면서 티베리우스에게 복종하는 것은 바로 사람의 아들 예수이다. 그러나 세금은 티베리우스에게 바쳐지는 것이 아니다. 물론 여기서 티베리우스란 황제 개인이 아닌 정치적 권위로 해석되어야 한다. 티베리우스는 사악하지만 황제는 선하다는 논리이다. 사악한 티베리우스는 무가치한 인격이지만 황제의 권위는 정당하다는 식이다.

그리하여 이러한 모순적인 관계에 기반한 법 중심적인 국왕이체론이 수립되었다. 그것은 언제나 '법 위에 있으면서 법에 종속하는' 혹은 '정의의 아버지이자 아들' 또는 '형평의 이미지이자 봉사자'로서의 주권자 개념으로 귀결된다. 그리고 이러한 표현은 역시 교회적 표현, 즉 동정녀 마리아가 '성처녀이자 어머니, 그녀의 아들의 딸(Nata nati, mater patris)'이라는 모순과도 연관된다.

이체론의 문제점들

그런데 지배자의 자연적 신체와 영원한 정치적 신체의 결정과 행위 사이에서 당연히 발생할 갈등과 긴장은 어떻게 유지되고 또 해소되었을까? 전통적인 왕의 두 신체에 대한 가장 일반적이며 오래된 표상양식은 바로 유기체적인 은유였다. 즉, 정치체에서 국왕은 머리에 해당하며 사회의 여타 신분들은 사지에 해당했다. 물론 정치체나 '신비한 몸'과 같은 표현에서 '신체(corps)'라는 단어는 생물학적이 아닌 법적인 의미를 지닌다. 하지만 국왕의 두 신체 사이의 유사성은 이러한 수사학적 비유를 자연스럽게 했다. 이와 같은 신체적 비유를 단순하고 진부한 수사학적 표현으로 치부하는 것은 큰 오류이다. 오히려 그것은 계서화된 사회와 정치의 질서를 사유하는 방식이었다. 신체적 은유를 통해 사고하고 있는 사람들에게서 결코 머리는 독단적으로 행위할 수 없다. 즉, 개인으로서의 육체는 완전하더라도 정치체로서의 국왕은 사회의 다른 구성체 없이는 불완전한 상태로 머물게 된다. 중세는 '정치적 신체'에 대해 국왕의 대표성을 인정했지만 그와 완전히 동일시하지는 않았다. 진정한 정치체는 국왕을 정점으로 한 한 영토의 제 권력들로 구성된 집합체 국왕의 정치적 신체(일개인으로서의 국왕+성직자+귀족+제3신분)로 이해되었다. 사회체의 전부와 관련되는 그 모든 것은 바로 이 전체에 의해 검토되어야 하며 어느 한 사람에 의해 이루어질 수 없다. 이러한 사유방식에서 핵심을 이루는 개념은 공동의 동의(commun consentement)였다. 공동체와 관련된 모든 중요한 결정은 만인의 동의에 의거해야만 한다는 것이다.[21] 그리고 이 이론은 당연히 왕권을 제한하기 위한 논리, 나아가 왕권에 대한 저항을 정당화하는 논리로 사용될 수 있었다.

게다가 국왕은 결코 그리스도와 완전히 동등해질 수는 없었다. 거기에는 결정적인 결함이 존재했는데, 그것은 바로 시간이었다. 교회라는 신비체의 우두머리는 신이자 동시에 인간으로서 영원한 존재였지만 왕은 평범한 인간이었다. 그는 언젠가는 사망할 것이고 전혀 영원하지 않았다. 천상의 존재처럼 불멸하고 편재하며 결코 아프지도 늙지도 않는 그런 존재가 되기 위해서, 왕은 단순한 인간이기를 멈추거나 아니면 어떻게 해서든 불멸의 가치를 얻어야만 했다. 그 어떤 고유한 영원성의 가치 없이 그는 자신에게 부여된 두 신체를 완벽히 결합시킬 수 없었다. 자연적 신체로서의 국왕은 하나의 살아 있는 유기체로 간주된 정치공동체의 머리일 뿐이었고 나머지 신체를 구성하는 왕국의 다른 구성 요소들에 의해 완전해질 수 있었다.

국왕이체론은 왕조국가의 영속성을 위협할 수 있는 폭발물을 안고 있었다. 영국 혁명 당시 청교도 반왕파의 "국왕을 수호하기 위해 국왕과 싸운다(We fight the king to defend the king)"는 구호는 왕정의 기능을 유지시키면서 현실의 국왕에 저항하고, 그 국왕에게 반역죄를 씌워 사형에 처하는 일을 가능케 했다. 영국의 역사적 본보기는 절대적이고자 하는 왕권이 왜 국왕의 본성에 대한 이중적 해석을 멀리할 필요가 있는가를 이해하게 해준다. 전통적인 국왕이체론과 그리스도 중심론은 결코 "루이 14세=프랑스 국가"라는 등식을 설명할 수 없었다. 절대적인 존재가 되기 위해 국왕은 자신의 근본적 결함인 시간을 극복해야 했다. 그러나 불멸성과 영원성의 가치를 스스로 주장할 수는 없었기에 '결코 사라지지 않는' 전체 – 즉, 불멸의 인간집단, 국가와 공동체 – 에 그 가치가 부여되었다. 이제 왕과 국가는, 아니 국왕의 자연적 신체와 정치적 신체는 서로 하나가 됨으로써 시간의 한계를 극복하고 명실상부하게 절대왕정을 건설할 수 있을 것이었다. 그런 점에서 절대주의와 국가이성의 결혼은 정략적이며 또 필연적이었다.

두 신체에서 하나의 신체로

결국 왕의 절대적인 권력이 정당화되기 위해서는 확실한 돌파구가 필요했고, 이론가들은 영속성의 개념을 발견했다. 자연적 신체로서의 국왕이 그의 사후에 정치적인 영속성을 보장받는 가장 일반적인 방법은 승계이다. 그러나 승계의 의미는 영속성에 관한 인간적인 그래서 불완전한 표현일 뿐이다. 불멸의 존재가 되기 위해서는 단순한 왕위계승의 차원에서 벗어나 국왕의 자연적 신체가 지닌 근본적 결함, 즉 시간을 극복할 필요가 있었다. 하지만 왕이 자기 자신의 힘만으로 불멸성과 영원성의 가치를 주장하기란 불가능하다. 그러기에 그 영원성은 앞서 말했듯이 '결코 사라지지 않는' 전체에, 즉 '동해 물과 백두산이 마르고 닳더라도' 사라지지 않을 불멸의 인간 집단, 국가와 공동체에 부여되었다. 이제 왕과 국가는, 아니 국왕의 자연적 신체와 정치적 신체는 서로 하나가 됨으로써 시간의 한계를 극복하고 명실상부한 피닉스가 되고자 했다. 결국 절대주의의 확립을 위해서 "국가는 곧 짐이다"의 주장— 물론 기록상 나타나지는 않는다— 이 가능해지기 위해서 전통적인 국왕이체론은 수정되어야 했고, 이제 두 신체의 통합은 절대주의의 야심이 되었다.

1560년 미셸 드 로피탈(Michel de L'Hospital)이 권력의 실제적 행사인 왕권과 좀더 추상적인 개념인 국왕의 존엄함(dignité)을 혼동하면서 "왕권(autorité royale)은 결코 소멸되지 않는다"라고 선언한 지 16년 후, 보댕은 한 걸음 더 나아가 "국왕은 결코 죽지 않는다(Le Roy ne meurt jamais)"라는 왕정의 불멸·영속의 원칙을 확인했다. 루이 부르봉은 사라지더라도 왕은 결코 사라지지 않는다. 선왕이 서거하자마자 그의 가장 가까운 후계자는 대관식 이전에 이미 왕국과 하나가 된다. 상징적으로 이 원칙은 사라질 운명의 신체와 불멸의 정치체가 하나로 융합됨을 뜻했다. 루이 14세는 이러한 상황을 잘 요약하고 있다. "국민은 프랑스에서 한 신체를 이루지 않으며 그것은 국왕의 인격 안에 자리잡는다(la Nation ne fait pas corps en France, elle réside tout entière dans la personne du roi)." 이 융합은 절대주의

하에서 국왕에 의한 국가의 **흡수**였다. "군주는 군주로서 일개 사사로운 개인으로 간주되지 않는다. 왕은 공적인 인격이며, 국가 전체가 그 안에 있다. 모든 완전성과 권능이 신에게 결합되어 있듯이 개개인의 모든 권력이 군주의 인격 안에 결합되어 있다(Bossuet)." 프랑스에서 절대주의는 통상적으로 국가를 국왕의 인격을 통해 형상화했으며 국왕과 국가 사이의 모든 매개체를 제거하고자 했다.

그리고 '결코 나누어질 수 없는' 완전무결한 주권 개념은 국왕에 의한 국가의 인격화 혹은 국왕과 국가의 일체화에 결정적인 공헌을 한 것으로 보인다. 보댕은 신을 모델로 한 유일무이한 주권자상을 만들어냈고 국왕의 이중성 대신 단일한 주권 개념을 도입시켰다. 종교전쟁의 과정에서 르네상스 인문주의가 창출한 정치사상들은 숙성되었고 엄격한 취사선택의 과정이 진행되었다. 앙리 4세의 승리와 이를 적극적으로 후원한 정치파(les Politiques)는 위그노들이 주장했던 '인민주권론'에 입각한 왕정비판[22]이나 가톨릭 신성연맹파의 신성모독죄 주장에 맞서 권력의 단일화와 절대화를 추진했다. 1610년 앙리 4세의 암살은 왕권옹호론자들의 입지를 강화시켰고 이제 법률가들은 복종에 대한 정당화 작업에 착수했다. 왕정이 폭정이 아니듯, 복종은 노예화를 의미하지 않았다. 그들은 "하나의 국왕, 하나의 신앙, 하나의 법" 또는 "지고하며 유일한 국왕 아래 사는 것이 가장 큰 자유를 보장한다"와 같은 격언들을 생산해냈다. 단일성의 열정이 폭발한 것이다. 그에 따라 국왕의 주권은 카르댕 르 브레(Cardin Le Bret)의 설명처럼 모든 것을 단 하나의 존재 아래 종속시키는 힘이라고 사유되었다. 그래서 "기하학상의 한 점처럼 더 이상 나누어지지 않는 것"[23]이 되었다.

1608년 샤를르 루아조(Charles Loyseau)는 다음과 같이 프랑스 왕국을 예찬하고 있다.

> 프랑스 왕국은 이 세계에서 가장 훌륭한 왕정이다. 먼저 그것은 국왕의 왕국이지 영주적 왕국이 아니다. 하나의 완벽한 주권을 가지며 선출이 아닌 세습에 의해 여성에게는 세습되지도 않는, 국가의 기본법에 의해 가장 가까운 남자에게 세습되는 그런 왕국이다.

국가 개념은 불완전하고 비합법적인 모든 권력들로부터 떨어져 나와 주권 개념과 동일시되었다.

> 국가와 주권은 현실적으로 동의어이다.······주권은 국가를 존재하게 하는 형상이다.[24]

그리고 왕권신수설은 국왕의 지위를 더할 나위 없이 신성화했다. 르 브레는 그의 주권론 첫머리에서 권력의 기원에 대해 더 이상의 이의를 제기할 수 없는 논지를 전개한다.

프랑스 왕정의 첫 번째 특징은 그것이 오직 신에게 의거한다는 점이다. 프랑스의 국왕들은 오직 신을 통해서 그들의 통치권을 부여받았다.

이것이 바로 왕권신수설의 핵심으로서 왕권은 이제 인민주권의 주장으로부터 자유로워졌으며 초역사적인 개념이 되었다. 마지막으로 이러한 결합은 이제 종교적 운문으로 완성되었다. 국왕은 인간 이상의 존재, 즉 인성을 지니고 있는 그리스도를 뛰어넘어 신과 같은 존재여야 했다. 결코 보통의 인간일 수 없는 국왕은 살아 있는 신의 형상이었고, 정치는 종교적 모델에 따라 유사신성의 예식으로 발전했다. 국왕을 위해 목숨을 바치는 일이란 종교적 순교와 일치했다. 이러한 신격화를 위해서 그리스도교는 이미 초월적인 권력의 모델을 제공한 바 있지만 여기서 다시 한번 강력한 도구를 제공했다. 마르크 블로크와 칸토로비츠를 잇는 국왕 해부학 연구의 권위자인 루이 마랭은 다음과 같이 쓰고 있다.

중세에 관한 칸토로비츠의 연구의 연장선에서 우리는 근대의 고전적 절대주의에 대해 다음과 같은 가설을 세울 수 있다. 국왕의 신체는 더 이상 하나가 아니라 세 개의 몸을 결합하고 있다. 그 첫 번째 몸은 역사적·물리적 신체, 둘째로 정치적·법제적 신체, 마지막으로 성사적·기호론적 신체이다. 성사적 신체는 역사적 신체와 정치적 신체의 상호작

용을 위한 매개이다.[25)]

국왕은 먼저 인간이다. 인간으로서 그는 그의 여느 백성들과 같은 조건 하에 있다. 춥고 배고프고 병들고 그리고 궁극적으로는 죽음에 직면할 수밖에 없는 존재이다. 그러나 국왕은 정의롭고 완벽해야 하며 그리고 결코 사라지지 않을 정치적 신체를 체현하고 있다. 이 둘 사이의 긴장과 갈등은 바로 그의 세 번째 신체, 즉 신의 살아 있는 현신으로 탈바꿈하면서 해소된다. 신학에서 정치영역으로 이전되면서 하나이자 셋인 삼위일체 왕정의 본질이 지닌 신비는 중세의 국왕이체 – 그리스도이자 국왕 – 를 대체했다. 두 개의 몸으로부터 하나의 몸으로, 절대왕정을 위해 프랑스는 그들의 국왕을 진화시켰던 것이다. 아들에서 아버지로, 그리스도에서 신으로, 절대국왕은 살아 있는 신이었다. 왕권신수설은 보수에에 와서 국왕과 신의 결합으로 완성된다. "모든 권능과 모

보수에(1627~1704).
모(Meaux)의 주교. 루이 14세의 정치적 고문. 절대주의이론의 완성판이라고 할 수 있는 『성경에 입각한 정치학』을 저술했다.

든 완전성을 내면에 결합시킨 신은, 또한 국왕의 인격과 결합되어 있다. 신은 거룩함 그 자체이며, 선 그 자체, 권능 그 자체이다. 이 모든 것 안에 신의 주권이 있다. 이 모든 것의 표상 안에 군주의 주권이 있다." 왕은 신 이외의 누구에 대해서도 책임을 지지 않으며, 신이 왕보다 위에 있듯이 왕은 다른 인간보다 훨씬 위에 있다.

블로크(Marc Bloch)는 왕정이 지닌 신성한 특성에 관하여 이미 문제를 제기한 바 있다.26)

신성하고 신비로운 국왕의 존엄성은 갈수록 커져만 갔다. 전설, 치료의식, 민중신앙 등의 요소로 이루어지는 이러한 발전은 카페 왕조의 물질적 진보와 연결되어 있다.

그가 예감했던 대로 프랑스 왕정은 절대주의 시기에 이르러 신성의 절정에 달했다. 절대왕정은 일종의 종교였다. 절대주의 시대에 이르러 왕정의 신비주의는 더 이상 인간과 그 기능 사이의 구분을 중시하지 않았다. 조국을 위해 목숨을 바치는 행위에 대한 그리스도교적 정당화는 그리스도의 신비한 몸인 교회만큼이나 실제적인 국가, 국왕의 신비한 몸을 위한 희생을 내포했다. 분리될 수 없는 정치적 신체로서 국왕은 사회전체를 자신의 인격 안에 흡수했다. 국왕의 정치적 신체가 지닌 일체성과 통일성은 왕위에 대한 고전적 조합체이론에 새로운 의미를 부여했다. "국왕은 왕국과 하나를 이룬다." 이제 왕국이건 왕위이건, 공화국이건 인민이건, 그 어떠한 것도 국왕을 벗어나 존재할 수 있는 것은 없는 셈이었다. 이론적으로 절대국왕은 진정한 리바이어던이었던 것이다.

왕조국가의 폭발적인 긴장

절대주의는 국왕의 절대적 지배를 완성하기 위해 자신의 인간적 조건으로부터 벗어나려는 부단한 노력의 경주였다. 그리고 신을 만들어내기 위한 연금술은 입법자로서 영원한 정의의 아버지, 전쟁과 복수의 전사, 치유의 기적을 행하는 주술사 등과 같은 정말 다양한 재료들을 사용했다. 리슐리외 추기경은 이러한 노력을 중시했고 가능한 한 국왕이 전선에 직접 나타나지 않기를 권유했다. 전쟁터는 국왕의 인간적 조건과 그 허약함을 극명히 보여줄 수도 있기 때문이었다. 나아가 국왕은 자신의 열정을 통제할 남다른 필요가 있었다. 침묵, 아첨자들에 대한 끊임없는 경계, 나아가 모든 인간들과의 일정한 거리 두기, 이 모든 것이 국왕의 신체를 고립시키면서 영구적인 연극으로 발전했다. 국왕이라는 직업은 - 오늘날 연예인들이 가끔 하는 말처럼 - 그 화려한 겉보기와는 달리 대단히 고달픈 일이었음에 틀림없다. 그런 점에서 과거의 관행27)에 대한 명백한 단절로 여겨지는 베르사유의 건설과 국왕의 칩거는 절대주의의 당연한 귀결인 것으로 보인다. 모든 인간적 충동과 허약함

리슐리외 추기경(1585~1642).

을 통제해야 하는 국왕은 이제 더 이상 그의 선조들처럼 그의 왕권을 확인하기 위해 철마다 전국을 방랑하지 않아도 되었지만,28) 동시에 자신의 신체를 무대 위에 올려놓은 채 국가의 합리화를 위해 철저하게 고립시켜야만 했다. 왕은 보통 인간이 아니라 '살아 있는 신의 이미지'여야만 했다. 결국 정치는 종교적 모델을 따라 기능했다.

절대주의 국가에서 국왕은 국가를 대표하는 가장 완벽한 이미지였다. 사실 왕은 단순한 이미지를 넘어서 국가 그 자체이고자 했다. 따라서 이 시기 프랑스 왕국의 이미지는 단순한 국가의 상징이 아닌, 국가와 왕의 관계를 표현하는 일종의 알레고리라고 볼 수 있다. 베르사유궁정은 이러한 정치적 알레고리를 표현한 대표적인 조형 이미지라고 할 수 있다. 떠오르

는 태양을 상징하는 젊은 아폴로의 분수를 머리로 삼은 듯 펼쳐진 정원, 그리고 그와 일직선상에 위치하여 베르사유 시를 굽어보는 국왕 루이 14세의 침실은 자연을 지배하는 태양과 프랑스를 지배하는 절대군주를 형상화한 국가 이미지의 조형물이었다.

이렇듯 절대왕정은 국왕을 통해서만 국가를 인격화하고 국왕의 신성화를 통해 국가를 '국왕의 신비한 몸'으로 변화시키려는 야심을 불태웠다. 이러한 야심은 소멸될 운명의 인간적 신체와 영원불멸의 정치적 신체를 지닌 군주는 오로지 정치적 신체의 머리에 해당하며, 결코 전체와 동일시되지 않는다고 주장했던 봉건적 국왕이체론을 허물고자 했다. 그리고 이제 "국왕=국가"라는 완벽한 등식이 성립될 것을 요구했다. 하지만 이러한 이론적 작업에는 근본적인 문제가 도사리고 있었다. 명확하지는 않지만 당시 사람들도 이 문제에 대해 어렴풋이 자각하고 있었던 것처럼 보인다.

루이 13세와 그의 재상 리슐리외가 절대왕권의 확립을 위해 분투하고 있을 무렵, 국왕의 고해신부였던 니콜라 코생(Nicolas Caussin)은 추기경의 정치에 반대하면서 자신의 입장을 국왕의 이중성에 대한 문제 제기로 풀어나갔다. 1638년 루이 13세의 고해신부직을 맡게 된 그는 자신이 처한 특수한 위치, 즉 국왕의 양심을 진찰하던 자신의 위치에서 점차 완성되어가던 프랑스의 절대주의를 관찰하면서 그것이 지닌 모순과 한계를 진단하고 근본적인 문제를 제기했다.

먼저 코생에 따르면 국왕의 고해신부는 다음과 같은 특수한 상황을 고려해야 했다.

> 물론 성격이 다른 두 종류의 국사가 존재한다. 하나는 칙령의 반포, 특별재판소의 설립, 징세, 외국과의 조약 등 순수하게 정치적인 것이다. 다른 하나는 종교의 수호, 교회의 보호, 정의의 구현, 평화의 유지, 악덕의 퇴치, 미덕에 대한 포상 등과 같은 종교적이고 정신적인 것이다.[29]

이론상 국왕의 고해신부는 후자에만 개입할 권한을 가졌다. 그러나 이 이분법은 사실상 대단히 모호한 구분이다. 코생은 같은 예수회교단의 장 시르몽(Jean Sirmond)에게 보낸 편지에서 두 가지의 유형이 아닌 세 가지 형태의 국사─순수하게 정치적인 사안, 순수하게 종교적인 사안, 그리고 "교회의 위기, 백성의 억압, 가족간의 분열, 왕국 안에서 행해지는 다양한 불의"를 포함하는 혼합적인 사안─를 제시할 수도 있었다.[30] 이와 같은 모호한 정의를 따르자면 국왕이 죄로 고해할 필요가 없는 부분, 즉 고해신부의 권한을 벗어나는 국사란 사실상 사라지게 되며, 정치와 종교 사이의 불명확할 수밖에 없는 경계는 코생의 정치적 개입을 정당화했다.

> 국왕으로서 범한 죄와 인간으로서 저지른 죄 중에서 국왕은 오직 후자만을 고해하면 된다고 주장하는 이들이 있

다. 그들은 왕으로서 행한 모든 행동은 참사회의 권한 하에 놓인다고 말한다. 그렇다면 나는 기꺼이 이 유식한 박사들에게 묻노니, 국왕의 영혼을 잃게 된다면 그 인간의 영혼은 어디로 가는가? 한 개인에게 두 개의 영혼이 존재한단 말인가? 인간의 영혼만이 죄를 지을 수 있고 국왕의 영혼은 완전무결하단 말인가?[31]

국사에 관한 두 종류의 구분과 그에 따른 국왕의 양심의 구분에 관한 물음을 통해, 고해신부로서 정치적인 국사에 개입할 정당성을 스스로에게 부여한 코생은 리슐리외가 상징하는 절대주의 정치체제를 강력히 거부했다. 비록 리슐리외 추기경의 정치적 천재성, 재능, 의지, 심지어 애국심까지도 부정하지 않지만, 이 예수회 신부는 절대군주의 이름 하에 모든 것을 알고자 하고 모든 것에 간섭하고 지휘하려는, 심지어 인간의 양심과 영혼에 관계된 문제까지도 통제하려는 듯한 전체주의적 통치체제를 강력히 비난했다. 절대주의의 가장 큰 문제는 왕권의 절대화가 사회의 다른 구성체들이 갖는 존재의 의의, 정치체가 추구해야 하는 동의, 조화, 일치의 이상을 철저히 무시하고 파괴한다는 데에 있었다. 그것은 오직 국가를 국왕의 인격 안에서만 형상화시킬 뿐이었다.

사람들은 추기경께서 지금까지 프랑스를 위해 이룩한 것들에 대해 오직 주인공의 머리만을 생각한 아펠레스의 작품

「물에서 태어나는 비너스」와 비교된다고 말합니다. 추기경 께서는 당신의 이익을 추구하면서 왕권을 더할 나위 없이 드높였습니다. 머리를 만들면서 당신은 그 머리에 나머지 신체를 달아주는 것을 잊었습니다.[32]

코생이 묘사한 리슐리외의 초상은 어떤 의미에서는 프랑스에서 확립되어가던 절대주의 근대국가의 사실주의적 초상이 아니었을까?

왕의 고달픈 삶과 신성을 향한 부단한 노력 그리고 그것을 뒷받침하면서 왕정을 유사 종교적인 정치체제로 발전시키려 했던 이론에는 치명적인 한계와 모순이 내재되어 있었다. 국왕을 통해 국가를 인격화하고, 국왕의 신성화를 통해 국가를 '국왕의 신비한 몸'으로 변환시키려는 절대주의적 야심은 − 머리에 해당하는 국왕이 전체와 쉽게 동일시되는 것을 허락하지 않았던 − 전통적인 국왕이체론 대신 "국왕=국가"라는 완벽한 등식을 성립시키고자 했다. 국왕의 정치체, 즉 국가가 보댕의 항구성이론이 요구하는 대로 '결코 사라지지 않는' 그 무언가라면, 지상에서의 이러한 초월성은 국가에 내재적인 원칙으로서의 안정된 일관성을 부여하면서 "그 자체로서 충분한 국가(Etat en soi)"라는 개념을 만들어낸다. "모든 면에서 고도로 발전된 국가의 개념은 결국 권력원칙의 비인격성을 추구하며 결과적으로 국왕에 의한 모든 형태의 인격화를 배제하게 된다. 왕조국가는 그 이름에서부터 폭발적인 긴장을 내포하고 있으며 그 존재만으로도 국가의 개념은 자신의 한계를 국가 개념과 동시에 발전한 자연권에 입각한 정치의 재확립에 두고 있기 때문이다."33) 결국 절대주의체제 안에서 우리는 왕정이 지니는 서로 대립하는 두 가지 속성이 공존함을 발견하게 된다. 즉, "국가의 비인격화에 작용했던 추상(抽象)적 왕조(monarchie d'abstraction)와 존속의 필요에 의해 촉발된 체현(體現)적 왕조(monarchie d'incarnation) 사이에는 비밀스럽고 치명적인 모순이 야기된다." 다시 말해 절대왕정은 국왕을 통해 비인격적 속성을 지닌 국가를 인격화하고자 함으로써 왕조국가가 내포하고 있는 이러한 잠재적 모순을 해소하기는커녕 오히려 심화시켜 갔다고 할 수 있다. 프랑스 절대왕정의 이러한 면은─ 어느 정도 비약일지 모르지만─ 영국과 프랑스 왕조사의 서로 다른 운명을 이해하는 데 도움을 준다. 두 나라에서 모두 국왕의 목을 잘랐지만, 오늘날 입헌군주국인 영국과 달리 프랑스에서 왕정은 아예 자취를 감추어버렸다.34) 전통적인 국왕이체론을 계승하면서 영국의 반왕파는 이미 언급했던 대로 국왕을 위해 국왕에 맞서 싸웠지만, 절대주의 프랑스에서 이웃 나라의 상황이 재연되는 것은 불가능했다.

국왕의 정치체, 즉 국가가 프랑스 이론가들이 요구했던 대로 '결코 죽지 않는' 그 어떤 것이라면, 지상에서 이러한 초월성은 국가에 대해 내재적 원칙으로서 안정된 일관성을 부여했고, 궁극적으로는 "그 자체로서 충분한 국가"라는 개념을 만들어내는 데 기여했다. 절대국왕이 스스로를 위해 요구했던 영속성은 비인격적인 정치공동체의 영속성이 되어갔고, 프랑스의 근대국가는 그렇게 절대주의라는 숙주를 통해 성장했다. 그리고 프랑스 혁명 이후 공적인 것의 이익은 더 이상 국왕이 아닌 다른 대체물, 그러나 이번에는 철저하게 인격적 속성을 배제한 새로운 공화국에 의해 구현될 것이었다.[35]

국가이성의 탄생

프랑스의 종교전쟁이 일시적으로 끝나고 난 후,[36] 17세기 최고의 스캔들은 다름 아닌 국가(Etat)의 확립이었다. 파스키에(Etienne Pasquier)가 1585년에 토로하듯, 당대인들은 이 전쟁이 개혁종교(Religion Prétendue Réformée)를 상대로 벌어지는 것인지 아니면 국가를 상대로 하는 것인지 제대로 판단할 수 없었다. 앙리 드 나바르(Henri de Navarre) 역시 이 점을 직시하고 있었다. "종교의 이름으로 발발한 이 전쟁은 어느 날 순수한 국가전(pure guerre d'Etat)이 되어버렸다." 종교전쟁의 마지막 단계에서 모든 정치적 행동과 그의 정당화 작업이 국가를 어떻게 개념지을 것인가 하는 문제에서 그 주된 논거를 찾고 있는 것은 놀라운 일이 아니다. 이제 국가는 모든 공적 토론의 핵심으로 등장하게 되었다. "파리는 미사 한 번쯤은 드릴 가치가 있다!(Paris vaut bien une messe!)" 개종을 원치 않던 앙리 4세의 개인적인 신앙은 무엇을 위해 희생되었는가? 그의 개종은 국가의 이름으로 행해졌으며 그의 승리는 그래서 국가이성의 승리이기도 했다.

더 이상 상상 속의 정치체이길 거부하는 이 근대국가는, "붉은 예복의 리슐리외 추기경이 연상시키는 이미지대로, 과거의 공동체적 질서를 교란시키는 주범이었다. 추기경의 명에 의해 건설된 새로운 부락들, 장기판처럼 잘 짜여진 도심의 중심 도로, 동일한 모습의 가옥들은 '수학적 언어로 쓰어지게 된 (갈릴레오)' 자연의 새로운 기하학적 질서를 상징하고 있었으며,"37) 사람들은 "모든 것이 (국왕의) 권위에 굴복당하고 있다"38)는 사실을 알 수 있었다.

국가란 바로 힘과 명령이라는 단어로 규정된 지배체제였다. 하지만 국가 확립에 관한 현실은 종이 위에 그려진 이상적 도시 건설 계획처럼 단순하지 않다. 리슐리외가 고백하듯이 "새로운 입법들은 국가적 문제의 처방이라기보다는 오히려 권력의 허약함과 국가가 앓고 있는 고질병의 진단서"이기도 했던 것이다. 절대군주는 더 이상 봉건적 계서제의 제1인자가 아니라 인간과 사물의 합리적 지배체제의 핵심이자 살아 있는 법(loi vivante)이었다. 그는 "기하학상의 점처럼 더 이상 나뉘어질 수 없는(Cardin Le Bret)" 주권의 구현자를 자처했지만 주권에 대해 정밀한 정의를 내리고 있는 텍스트들의 이면에는, 쉴 틈 없는 도전에 맞서 중앙권력을 확립하기 위한 지루하고 미시적인 작업들이 계속되고 있었다. 1622년부터 30년 동안 단 한 해도 거르지 않고 일어났던 조세 반란, 1648년에서 1652년까지의 고등법원과 귀족의 반절대주의적 저항은 절대주의체제의 근대국가의 확립과 그에 대한 저항 사이의 게임에서 그 어느 쪽도 아직 완전한 우위를 점할 수 없었음을 보여준다.[39] 새로운 국가관의 정립을 위한 이론적 차원의 논의에서도 근대적인 국가관의 강대한 물결은 그에 못지않은 만만치 않은 저항의 파도에 부딪쳐야만 했다. 하지만 비인격적(impersonnel)이고자 하는 속성[40]을 가진 국가는 사회를 초월하여 본격적으로 자신의 고유한 이성(raison d'Etat)을 주장하며, 또 사회의 제 규범들로부터 해방된 독립적이고 배타적인 정치체, 고유한 행동양식, 나아가 고유한 종교성까지 갖춘 채, 궁극적으로는 사회를 능가하는 리바이어던으로 탈바꿈하기 위한 성장을 거듭했다. 그리고 사회의 여러 저항은 국가이성 앞에서 차례로 무릎을 꿇을 수밖에 없었다.

먼저 이 시기에 국가로 번역되는 'Etat(State)'라는 단어가 겪은 사전적 의미의 변화에 주목할 필요가 있다. 15세기 말 까지 주로 'status'의 의미로, 즉 우주의 질서 안에 사물이나 생명체가 존재하는 양식을 표현해주는 묘사적 개념으로 (주로 카오스보다 질서와 조화라는 측면을 강조하면서) 사용되었던 이 용어는 17세기에 들어서 특화된 의미를 지니게 되었다. 사전 편찬자였던 퓌르티에르(Furetière)의 정의에 따르면, 'Etat'란 "영토

가 다스려지는 방식 혹은 지배(domination)"를 의미했다. 국가
를 "한 영토와 그 거주민 전체에 대해 행사되는 권력"이라고
정의한 프랑스어는 이 권력의 보유자가 질서 유지와 그 불변
성에 대한 책임을 전담함을 인정했다. 하지만 더 나아가 이 같
은 정의는 중세 이래 'regnum'이란 한 단어에 혼재되어 있던
두 개의 개념(règne와 royaume), 즉 권력과 그것이 행사되는 대
상을 분리시켰다. 'Etat'의 개념은 묘사적인 것에서 이제 무언
가를 요구하고 주장하는 역동적인 것으로 탈바꿈했다. 이러한
맥락에서 왕권은 먼저 공공선의 존재와 그 수호자로서 자신의
역할을 강조했다. 그리고 왕권은 사회의 각 구성원들이 행사
해왔던 권력들을 통합하면서 중앙 집중화를 추진했다. 그 결
과 국가는 사회와 분리되고, 사회에 대해 초월적인 국가를 핵
심적인 내용으로 하는 '근대국가'가 형성되기 시작했다. 현실
과 상상으로 구성된 이 정치체는 절대주의체제 하에서 국왕
개인의 신비적인 표상(représentation mystique) – 축성식, 장례
식, 입성예식, 친림법정(lits de justices) – 을 통해 연출되었다.[41)
'살아 있는 법'을 구현하는 왕과 동일시된 국가는 왕권을 제
한하기 위해 상상된 모든 관습과 이론들을 무력화시키면서 가
시적인 힘으로 성립했다.

근대국가가 갖는 근대성의 또 다른 근거는 바로 이성의 출
현, 교황 비오 5세가 서슴지 않고 '지옥의 이성(raison d'Enfer)'
이라 불렀던 당시의 국가이성에 기초한 정치의 수립이다. 17
세기 프랑스인들이 회고하던 과거의 온유한 통치 – 사람들은

적어도 그렇게 생각하고 싶어했다— 와는 반대로, 차가우리만큼 합리적이고 그래서 더욱 잔혹하게 느껴질 수 있었던, 타산적 계산에 따라 모든 행위를 통제하려는 이 국가이성은 근대국가의 북극성이었다.[42]

절대주의 국가의 확립 과정에서, 국가이성이라는 용어는 이미 대중적으로 유포되어 있었고 당대인들의 일상적 어휘에 속해 있었다. 이탈리아의 아미라토(Scipion Ammirato)는 "사람들이 그 용어의 진정한 의미를 파악하지 못한 채 일상적으로 이러저러한 정책결정의 근거라고 보는 국가이성"에 대해 설명하는 것이 필요하다고 생각했다. 프랑스에서도, 작가이자 번역가였던 앙트완 라발(Antoine Laval)은 누구나 국가이성이란 단어를 거리낌 없이 입에 담고 있는 당시의 상황을 개탄했다. 당대 사회의 관습을 관찰하던 그는 정치적 논쟁이 그 온전한 그릇을 넘쳐흘러 대중을 물들이고 있음을 지적했다.

우리는 지금 모든 유해한 호기심의 근원인 무지와 게으름 그리고 자유가 넘쳐흐르는 시대에 살고 있다. 이제는 군대의 졸병이나 영세수공업자에 이르기까지, 누구든 공적인 사안에 대해 자신의 의견을 개진하고 간섭하려 하며 군주와 그의 정부의 행동과 의도에 대해 해석하고 따지고 들려 한다. 과거에는 그저 통치당하는 것으로 충분했던 이들은 이제 정치에 대해 코를 들이밀거나 아니면 최소한 혀라도 놀려야 한다.[43]

리슐리외의 후원을 받던 저술가들의 개입으로 루이 13세 치하에서 폭발적으로 증가된 팸플릿과 그것이 야기한 갖가지 정치적 설전은 어떤 의미에서는 국가이성을 감싸고 있는 비밀의 장막을 걷어버리는 역할을 했다. 데카르트와 동시대인이었던 이 추기경은 본성적으로 이성적인 인간들이라면 자신의 이성적인 정치에 동의할 수 있을 것으로 생각했다. 절대주의의 적극적인 지지자였던 자신의 행동을 정당화하려는 리슐리외의 의지는 하지만 역설적으로 정책결정 과정의 신비한 성격을 잃게 만들었다. 분명한 것은 이제 국가이성이 모든 사람을 언어적으로 속박할 수 있을 만큼 살아 있는 현실이었다는 점이다.

필요는 법보다 위에 있다고들 말한다. 전혀 근거 없는 이야기는 아니다. 필요함이란 복종을 강요하는 일종의 힘과 같아서, 종종 폭력이 정의를 조롱하는 경우를 보게 되는 것이다. 여기에는 굳이 복잡한 이론을 제시할 필요는 없는데, 왜냐하면 우리는 거의 매일같이 이를 경험하고 있기 때문이다. 국가의 이성은 분배적 정의보다 상위에 위치한다. 인민의 안녕이야말로 최상의 법이며 이를 위해 군주는 공공선이 요구할 경우 개인의 이익을 희생시킬 수 있는 것이다. 어떠한 경우에서도 국가이성보다 우세한 것은 있을 수 없다.[44]

절대왕정의 거울, 베르사유

다섯 살의 나이에 왕위에 오른 루이 14세는 1651년에 가서야 성인식을 치르면서 모후 안느 도트리슈의 섭정에서 벗어날 수 있는 상황에 이르렀다. 이미 재무대신이던 니콜라 푸케(Nicolas Fouquet)를 숙청하면서 정치적 파란을 예고했던 젊은 태양왕은 1661년 더 이상 재상을 두지 않는 국왕의 직접통치를 선언했다. 이는 역사가들이 "1661년의 혁명"이라고 부르는 통치 변혁이었다. 1673년, 그는 고등법원의 오랜 특권이면서 국왕의 입법권에 대한 거의 유일한 견제장치이던 간주권(droit de remontrance)을 폐기했다. 또한 지방 총독들에 대해서는 3년 단위로 궁정에 체류하는 것을 의무화해, 그들이 왕권을 저해하는 세력으로 발전하는 것을 방지하고자 했다. 그리고 1682년 드디어 베르사유에 왕궁이 완성되었다.

베르사유궁의 조감도.

서유럽의 대대수 왕정국가들이 모범으로 삼고 모방하려했던 베르사유궁정은 아마도 루이 14세가 이룩한 가장 눈부신 업적 중의 하나일 것이다. 궁정은 전통적으로 만족을 모른 채 불평만을 일삼던 봉건귀족에 대한 사회적 지배를 가능케 하는 정치적 도구이자 생시몽 백작(Duc de Saint-Simon)의 표현대로 국왕의 일과표에 따라 정해진 정확한 기계장치였다. 이전에는 그 누구도 상상치 못했던 엄청난 규모의 이 왕궁은 절대주의의 한 표상이면서 귀족들의 질서와 규율을 위한 도구였다. 고위 귀족들은 지방의 영지에 있는 자신들의 성을 버려두고 국왕의 주위에서 맴돌기 위해 베르사유 시(市)의 비좁은 아파트에 거주하는 불편을 감내했다. 자연히 귀족들은 자신의 영지를 효과적으로 관리하는 것이 어려워졌고, 봉건제의 특징이면서 왕권에 대한 큰 위협이었던 지방할거주의가 서서히 사라지기 시작했다.

베르사유는 원래 루이 13세의 사냥터였다. 그러나 태양왕의 영광의 과시라는 명백한 목표 하에 건설되기 시작한 이 성은 이제 축제와 연애의 장소, 절대왕권의 표상으로 자리잡았다. 1662년부터 건축가이자 정원설계사인 르 노트르(Le Notres)는 이솝우화와 오비디우스의 변신 이야기에 등장하는 동물과 신상들 그리고 수많은 분수와 폭포, 이국적 식물들로 화려하게 장식된 정원을 설계했다. 이 정원의 그 어떤 것도 아무런 이유 없이 존재하지는 않았다. 정원이 존재하는 이유는 국왕의 권위에 대한 메타포였다. 성을 나와 정원에 들어서는 순간, 사람들의 시선은 젊고 패기에 찬 루이 14세를 연상시키는, 황금마차를 타고 아름다운 젊음을 과시하는 태양신인 아폴로로 향한다. 정원의 머리에 위치한 이 아폴로의 분수에서 모든 자연이 시작되는 것이다.

1669년, 성채는 르 보(Le Vau)와 망사르(Mansart)의 설계에 따라 건설되기 시작했다. 1층은 저부조로 장식된 돌벽이었고, 2층과 3층은 각각 이오니아 식과 코린트 식으로 장식되면서 왕권의 장엄함과 위대함을 과시하고자 했다. 베르사유궁의 이러한 특징은 훗날 고전주의라고 명명될 건축양식의 핵심을 보여주었다. 1682년, 루이 14세는 베르사유에서 거주하기 시작했다. 성의 외벽과 내벽을 장식한 조각과 저부조 그리고 그림들은 신화라는 기호체계를 이용해 절대주의를 표현하고자 했다. 신화라는 언어의 사용은 프랑스의 왕이자 베르사유의 주인이 신에 의해 '기름 부음'을 받은 자이며 왕의 위업은 신비로운 것이라는 것을 표현하기 위한 수단이었던 것이다.

이 거대한 정원과 성채는 그 자체로서 하나의 정치적 상징이었다. 국왕의 의지에 복종하는 듯한 베르사유의 자연과 돌들은 루이 14세가 자신의 왕국에서 이루려했던 정치적 야심의 한 얼굴이었던 셈이다. 궁정 건물 그 자체로만 본다면, 베르사유는 거의 영구적인 공사장이었다. 공사는 1789년 프랑스 혁명이 발발할 때까지도 끊임없이 계속되었다. 매년 36,000여 명의 인부가 궁과 정원의 보수 및 유지에 투입되었고, 공사비용은 대략 한 해 예산의 3-4%에 달했다. 국왕의 거처를 위해 사용되는 비용치고는 지나친 액수라고 볼 수 있을까? 그렇지는 않다. 프롱드의 난을 경험하면서 귀족들의 반란으로 루이 14세가 입은 피해를 고려한다면, 궁정을 건립하고 이를 통해 귀족들을 온순한 집단으로 만드는 것, 다시 말해 궁정인화하는 편이 더 저렴한 방법이었다.

국왕의 침실은 정원의 머리에 위치한 아폴로 분수에서부터 정원을 가로질러 시가로 이어지는 정중앙선상에 위치했다. 왕의 침실은 어떤 의미에서는 왕국의 심장이었다. 왕의 거주공간은 다른 방으로부터 분리되어 마치 성당의 제대를 연상시켰다. 바로 이 방에서 국왕은 마치 두 신체의 합치를 이루는 듯한 일상의 의식을 치렀다. 물리적 신체로서의 국왕은 잠자리에 들 때와 잠에서 깨어날 때 궁정인들의 알현을 받아야 했고, 정치적 신체, 즉 국가를 구현하는 인격체로서 국사를 논하고 외국 대사들 접견했다. 방의 한가운데에 놓여진 침대에서 왕은 성 밖에 펼쳐진 베르사유 시를 내려다볼 수 있었다. 1671

년 왕의 결정에 의해 건설되기 시작한 베르사유 시는 세 개의 대로로 분할된, 당시로서는 보기 드문 계획 도시였다. 정원의 기하학적 구조는 그대로 도시로 옮겨졌다. 이러한 공간의 합리화는 절대주의 근대국가가 추구한 정치적 합리성의 구체적인 표현이었다.

그러나 왕정의 이데올로기를 설명하면서 지적한 것처럼 합리주의의 이면에는 역설적으로 신비주의적인 토대가 존재한다. 베르사유궁 역시 절대왕정의 이러한 이중적 표현을 놓치지 않는다. 1710년에 가서야 완성된 샤펠 루아얄(Chapelle Royale)은 바로 이러한 프랑스 왕정의 신비주의에 대한 치밀하게 계산된 묘사라고 할 수 있다. 쥘 아르두앙 망사르(Jules Hardouin Mansart)에 의해 설계되고 성왕 루이에게 헌정된 이 신성한 장소에서 매일 아침 국왕을 위한 미사가 거행되었다. 다른 성당과는 달리 샤펠 루아얄의 제대 앞에는 좌석이 배치되어 있지 않았다. 국왕은 2층의 특별석에서 미사에 참여했고, 특별한 행사가 있지 않는 한 아래층으로 내려오는 법이 없었다. 미사에 참석하는 다른 궁정인들은 아래층에 선 채로 미사에 참여해야 했다. 이러한 공간구조는 천상계와 지상계의 매개자인 국왕을 형상화했다. 왕의 미사는 진정 그리스도교적인 국왕(le roi très-chrétien)은 오직 신에게만 책임진다는 절대주의의 정치적 교리가 미사 참여자들에게 각인되는 정치교육의 장이었다. 그리고 이 정치교육은 보수에가 이야기한 그리스도교 다음의 두 번째 종교에 관한 교리문답이기도 했다. "군주에 대한 경배에는 무언가 종교적인 것이 있다. 신에 대한 봉사와 왕에 대한 존경은 결합된 것이다. 신은 군주들에게 신성한 무언가를 주었다. 국왕을 존경하는 것은 결국 그리스도교 정신에 입각한 것이고, 두 번째 종교라고 할 수 있다."[45]

사펠 루아얄.
십자군의 왕, 성왕 루이에게 헌정된 이 소성당은 1710년에 가서야 완공되었다. 높은 천장(높이 25m)과 색유리 그리고 이무기 돌 장식은 중세 고딕성당을 연상시킨다. 그러나 둥근 천장, 조각으로 장식된 기둥과 난간은 이 시기에 유행한 바로크적 미학을 보여준다.

매일 6,000명 이상의 귀족들이 들끓던 베르사유궁은 귀족적 사회성의 무게중심이었다. 베르사유라고 하는 작은 우주는 궁정사회의 원심력이자 궁정예식의 유일한 동력이었던 국왕이 통제하는 질서와 법칙에 따라 움직였다. 궁중생활의 질서, 그것은 에티켓이었다. 그리고 에티켓은 놀랍게도 루이 14세의 지배와 권력을 위한 강력한 정치적 도구이기도 했다. 루이 14세는 그의 아들에게 이 궁정예절의 중요성을 가르치는 것을 잊지 않았다.

이 경우 단지 의례적인 의식이 문제된다고 추측하는 사람들은 엄청난 착각을 하는 것이다. 짐이 통치하는 – 사물의 연원을 깊이 통찰하지 못하는— 백성들은 통상 외부에서 보이는 대로 그 사물을 판단하며, 그들이 존경과 복종심을 보이는 근거는 대부분 우선권과 서열의 등급이다. 일반인에게는 오직 한 사람의 통치만 받는 것이 중요하듯, 이 기능을 수행하는 사람이 다른 사람보다 고매하여 그들과 혼동되거나 비교될 수 없다는 점도 중요하다. 그래서 사람들은 전체 국가조직에 해를 끼치지 않고도 그들의 우두머리를 국가의 소속원, 즉 다른 구성원과 구별하는 어떠한 우월성의 표지도 박탈해서는 안 된다.[46]

독일의 사회학자인 노르베르트 엘리아스(Norbert Elias)는 궁정체제가 어떻게 루이 14세 치하에서 그 완벽한 모습을 갖추게 되었는가를 보여주었다.[47] 의례규범에 있어서 군주는 복종적 상황을 상징적 행동을 통해서 가시화하는 인간 행동양식의 조직자였다. 국왕은 기침의례에서 취침에 이르기까지 자신의 모든 행동에 왕궁 안의 모든 사람들에게 세부적인 위치를 부여했고, 궁정인은 국왕이 정한 위치와 서열에 따라 자신이 절대군주로부터 얼마나 사랑받고 있는지를 확인했다. 그것은 마치 태양에 가까울수록 더 많은 빛을 받는 태양계의 행성들과 같았다. 왕의 특별한 은총은 다양한 방식으로 표현되었는데, 예를 들어 국왕과 함께한 자리에서 등받이 의자에 앉을 수 있는 권한을 가진 자와 등받이 없는 의자에 앉는 자 그리고 서 있어야만 하는 자 등이 구분되었다.

엘리아스에 기대어 루이 14세의 기상의식을 살펴보자. 왕의 시종들이 주인을 깨우고 아침식사를 준비하는 사이 여섯 부류의 상이한 집단이 침실에 입장하게 된다. 먼저 가족의 입장이 시작되고, 왕의 적자와 손자, 공주들 그리고 주치의와 제1시종들이 들어온다. 그 다음으로 내각의 대신들과 상실 요원 및 대공들, 뒤이어 제1순위 입장객이 들어와 왕에게 공문서를 읽어준다. 다시 그 다음에는 그 밖의 모든 의전실 요원을 포함한 각료들이 입장한다. 여기에는 구호물자 담당관, 각 부서의 장, 국가참사위원, 장군들이 포함된다. 제5순위는 시종이 입장을 허락하는 남녀 귀족들이다. 이들은 누구보다도 왕 근처에 가까이 갈 수 있는 우선권을 누린다. 끝으로 모든 이들이 가장 원하는 제6순위 입장객이 있었다. 이들은 침실 정문이 아니라 뒷문으로 들어가는데 여기에는 왕의 적자, 서자, 가족, 사위까지도 포함된다. 이러한 집단에 속한다는 것은 특별한 총애의 표현이었다. 제1순위 입장객들은 다음 순위 입장객들을 멸시했고 그들의 특권을 양보하려 하지 않았다. "한쪽의 태도는 다른 쪽의 태도를 자극했고, 그런 식으로 압력과 반압력이 교차하면서 사회적 추진력이 요동치다가 일정한 균형상태로 안정되었다."[48] 고통스러울 정도로 정확하게 짜여진 이 궁정의 질서를 통하여 왕은 서열을 만들었고, 관심과 총애 때로는 불쾌감과 불신임을 표현할 수 있었다.

이 '허공을 맴도는 영구기관'이 되어간 궁정예법을 통해서 국왕은 궁정인을 조종할 수 있었다. 궁정인들의 질투, 자존심, 상호 의무 그리고 경쟁심을 이용하여, 국왕은 총애를 나누어줄 수 있는 유일한 인물로 부상했다. 그는 말 한마디, 몸짓 하나로 상대방을 기쁘게도 또 당황하게도 만들 수 있다. 왕권의 힘은 명예를 둘러싼 대귀족들의 야심을 균형 있게 유지하는 능력이라고 할 수 있었다. "사회관계를 만드는 것은 누군가의 마음에 들고 싶어하는 욕심이다. 다행스럽게도 사회를 파멸로 이끌어야 할 인간의 자존심이 사회를 강하게 하고 확고부동한 것으로 만든다"라는 몽테스키외의 지적은 절대군주의 궁정에서는 지극히 적절한 지적이었던 셈이다.

엘리아스에 의하면 자기 통제를 주성분으로 하는 품행의 문명화가 결정적으로 이루어진 곳이 바로 여기다. 궁정은 들짐승에 다름없던 전사와 중세의 암흑을 살던 귀족의 후손들을 개화시켰고, 그래서 그들을 위선적인 궁정인으로 탈바꿈시켰다. 궁정인이라면 의당 몸짓과 눈빛 그리고 표정을 통제할 수 있어야 한다. 감정을 숨기고 적에게 미소를 보내며 가슴으로부터 우러나오는 열정을 숨기고 부인해야 하는 것이다. 감정을 거슬러 행동하는 이들은 결코 욕설을 내뱉지 않으며 속내를 드러내지 않는다. 이 심오함은 섬세함과 위선의 연금술이 만든 철학자의 돌이다.

궁정사회는 국가의 중앙 집권화, 조세와 군사력에 대한 국가적 독점, 궁정예절을 통한 귀족 길들이기를 추구하던 왕정국가로의 변환에서 유래한다. 궁정예절은 '조절과 유착 그리고 감시의 메커니즘'이었다. 중세의 거대한 변화―도시화와 화폐경제− 에 적응하기 위해 귀족은 서서히 국왕과 군주정에 대한 복종을 받아들였고, 특정한 가치와 행동방식을 통해 자신의 우월성을 보장하는 궁정화를 수용했다. 엘리아스는 수천 명의 남녀로 구성된 매우 특별한 사회 구성체인 루이 14세의 베르사유를 분석하면서 궁정 메커니즘을 여러 조각의 톱니바퀴들로 분해한다. 첫 번째 톱니는 거주공간이다. 국왕은 가장 육중하고 거대한 궁전에 머물러야 했으며, 그 어떠한 권력도 그 크기와 부, 장식에서 국왕의 궁전을 능가할 수는 없었다. 두 번째 톱니는 궁정식 소비체제이다. 궁정인에게 사치는 선택이 아닌 필수였다. 사치는 각자가 귀족 질서 안에서 차지하는 지위에 따라 세세하게 명시된 위신을 유지하기 위한 수단이었다. 노름은 이러한 소비경제의 가장 과시적인 장면이다. 그리고 이 특별한 기계를 움직이는 태엽은 장소, 기능, 태도, 사소한 몸짓까지 규제하는 에티켓이었다. 궁정화와 예절은 불가분의 관계였다. 궁정사회의 톱니바퀴를 움직이게 하는 태엽은 세 가지 역설적인 원리에 따라 작동한다.

1) 첫 번째로 거리 두기와 근접성의 원리이다. 궁정은 "어느 한 계층과는 내적인 접촉을 그러나 다른 한 계층과는 엄격한 거리 두기를 실행하는 지속적인 공간적 근접과 지속적인 사회적 원격을 동시에 충족하려는 의지"의 표현이다.

2) 궁정사회의 두 번째 원리는 모든 정체성이 인간의 겉

모습으로 환원된다는 점이다. 궁정은 외양이 지배하는 장소이다. 중앙 집권화된 군주정의 화려한 겉모습은 상상의 비밀을 일깨운다. 궁정은 권력을 생산하고, 에티켓에 의거한 상상력은 권력을 위해 봉사한다.

3) 세 번째 역설적인 원리는 복종 안에서의 우월성 원리이다. 이것은 우월성의 외양 하에서 벌어지는 복종이기도 하다. 군주는 궁정 에티켓을 부과하면서 마치 꼭두각시 인형을 조종하듯 귀족들을 조종한다. 엘리아스는 루이 14세가 귀족에 대한 보호자이면서 동시에 압제자였다고 본다. 그는 루이 14세가 철저한 지배를 통해 귀족들을 영원한 반란의 주모자에서 충실한 종사들로 바꿔놓았음을 입증하고 있다. 그러나 군주 자신도 – 엘리아스는 이 점을 강조한다 – 스스로 정한 에티켓으로부터 자유롭지 못하다. 그는 스스로 궁정의 포로가 되어버린 것이다.

이러한 무대 연출은 인간의 감정과 행동에 변화를 초래했다. 베르사유는 일종의 근대인을 탄생시켰다고 할 수 있다. 궁정인의 예절은 강제와 자기 통제에 근거하고 있기 때문이다. 동료들에 대한 관찰, 인간 조종술, 감정과 몸짓 그리고 말에 대한 엄격한 통제, 얻고자 하는 결과에 대한 세심한 계산, 궁정인의 전략은 바로 자신의 지위를 유지하기 위한 영속적인 전투였다. 베르사유는 개인과 집단, 당파들이 영구적인 경쟁과 긴장 상황에서 살아야 하는 게임의 무대였다.

절대왕정은 수지맞는 장사였나?

    절대왕정체제의 현실적인 문제 중에서 가장 특징적인 것은 재정이었다. 물론 관료제 문제, 특히 관직매매와 관복귀족의 창출도 절대왕정의 특수한 측면일 테지만,[49] 재정 문제야말로 절대왕정의 절대성에 심각한 의문을 품게 하는 부분이다. 절대왕정은 과연 수지맞는 장사였을까?

    왕국의 재정은 어떻게 운용되었을까? 프랑수아즈 바야르와 다니엘 데세르의 연구[50]에 의해 우리는 1635년부터 자리잡기 시작한 프랑스 왕실의 독특한 재정 시스템의 기능에 대해 잘 알게 되었다. 오랜 역사를 지닌 징세청부의 관행은 근대적인 조세 개념이 나타난 이후에도 여전히 살아 있었다. 징세청부 관행에 따라 국왕은 대 금융가들을 상대로 조세징수권을 경매에 붙였다. 그 결과 납세자들의 부담은 늘어만 갔고, 극단적인 경우 징세액의 2/3가 국고로 들어가는 과정에서 증발해버리기도 했다. 30년전쟁을 비롯한 끊임없는 절대국왕의 군사활동은 왕국의 재정지출을 증가시켰기에, 국왕은 이들 재정가들의 대부에 의존할 수밖에 없었다. 국왕은 자주, 아니 거의 매번 자신의 세입을 담보로 총괄징세청부인(fermiers généraux)에게 대출을 받았던 것이다. 그리고 이 과정에는 가명 혹은 차명을 이용하면서 총괄징세청부인에게 돈을 대여해주었던 프랑스 왕국의 부유한 상층부, 특히 귀족들이 있었다. 국왕은 필요한 경우 재정가들로부터 고리(대개 연리 25%)의 융자를 받아야 했다. 이러한 상황에 대해서 총괄징세청부인들을 매개로 국왕은 자신의 왕국의 부자들이 자발적으로 그들의 재산을 국고에 헌납하도록 하는 데 성공했다고 평가할 수도 있을 것이다. 하지만 동시에 국왕은 이제 직접으로건 간접으로건 자신의 돈줄에 어쩔 수 없이 의존하게 되었다.[51] 데세르의 지적대로 절대왕정에게 영양을 공급하던 탯줄은 재정가들의 손에 쥐어 있었다. 정의 법정은 이론적으로 백성의 고혈을 짜내는 거머리 같은 재정가들을 혼내주기 위한 것이었지만, 현실적으로 그렇게 하기 위해서는 너무 많은 사람들이 관련되어 있었다. 왕권에 의해 세워진 특별 법정들은 국왕의 재정을 횡령한 자들에 대한 처벌을 소리 높여 외쳐댔지만 그 결과는 대개 국왕과 재정가들 사이의 밀실 타협으로 끝나게 마련이었다.

결과적으로 절대주의 국가를 유지시킬 수 있었던 가장 큰 경제적 토대는 농민이었다. 타이유(taille)세[52]는 1610년 1,700만 리브르에서 1644년 4,400만 리브르로 지속적으로 증가했다. 타이유세를 포함하여 왕국의 납세자가 부담한 총 세액은 1630년부터 10년 사이에만 무려 네 배가 증가했다. 따라서 1620년 이후 직접적으로 조세압박을 받은 농민들이 한 해도 빠짐없이 반란을 일으킨 것은 결코 놀라운 일이 아니다. 하지만 흥미로운 사실은 그 많은 농민반란에서 단 한 번도 국왕에 대한 분노나 비판의 목소리가 나오지 않았다는 점이다. 농민들의 표적이 되었던 것은 주로 징세청부업자와 지방의 국왕 대리인들이었다. 백성들의 이야기는 언제나 그릇된 재정가들의 잘못으로 국왕이 자신들의 실정을 모르거나 아니면 알더라도 잘못 알고 있다는 식이었다.

재정 시스템으로 본 절대왕정의 사회적 현실은 대단히 흥미롭다. 영국 역사가인 윌리엄 벡(William Beik)의 연구는 1670년대 랑그독 지방에서 형성된 국왕과 그 지역 엘리트집단 간의 유착관계에 대한 흥미로운 연구결과를 제시했다.[53] 이러한 유착의 결과는 이 지역에 대한 국왕의 군사적 특혜와 경제발전 장려정책이었다. 매뉴팩처와 상업회사의 설립, 대서양과 지중해를 연결하는 대운하의 건설은 랑그독 지방이 누린 경제발전의 핵심이었다. 그러나 지역 엘리트들과 국왕의 협조는 또한 징세 분야에서 두드러지게 나타났다. 이 지방에 대한 과세가 증가되었던 1647년에서 1677년까지 세수의 상당 부분은 다양한 재정가들을 통해 랑그독 지방의 매개자들에게 배분되었다.

랑그독의 관직자들과 재정가 그리고 그들 뒤에 가려져 있는 물주들은 1647년 이 지역에서 거두어들인 직접세의 29.6%를, 1677년에는 36.4%를 자기 몫으로 가져갔다. 전체적으로 징수된 세수의 41.8%만이 파리로 갔을 뿐, 나머지 58.2%는 해당지역의 관리, 관직매입자들, 재정가들 그리고 그 외의 다양한 채권자들의 잇속을 채워주는 데 사용되었다. 국왕과 채무계약을 맺은 재정가들은 물론 그 뒤에 도사리고 있는 다른 물주들ー1758년 중농학파의 한 사람인 프랑수아 케네(François Quesnay)가 '소유계급(classe propriétaire)'이라고 지칭했던 다른 채권자들ー에게 10%의 이자를 약속했다. 이 같은 이자율은 부동산 임대시 얻는 5%의 이자를 훨씬 웃도는 것이었다. 그리고 루이 14세 치세 말기의 연이은 두 전쟁, 아우구스부르크 동맹전쟁(1688~1697)과 에스파냐 왕위계승전쟁(1701~1713)[54]은 이러한 상황을 더욱 악화시켰다. 조세 수입은 징수하기도 전에 이미 탕진되기 일쑤였고 루이 14세가 죽었을 때 국고는 파산지경에 이르렀다.[55] 신은 돈 계산에 그다지 밝지 못했던 모양이다.

프랑스 절대왕정의 성립 과정에서 가장 흥미로운 제도상의 변화는 무엇일까? 아마도 제일 유명하면서도 독창적인 것은 폴레트(Paulette)세의 도입이 아닐까 싶다. 1604년 이 기묘한 세제의 도입을 주장한 재정가 샤를르 폴레(Charles Paulet)의 이름에서 유래한 폴레트세는 술리에 의해 1602년부터 준비되었다가 1604년 12월 12일 앙리 4세에 의해 공식적으로 도입되었다. 이것은 관직 보유자가 관직 매입가격에 대한 일정 비율의 액수(관직 가치의 1/60)를 매년 세금으로 납부하면서, 이에 대한 대가로 관직의 상속 또는 매각을 보장하는 제도이다. 물론 폴레트세가 존재하기 이전에 관직의 상속이 전혀 불가능했던 것은 아니다. 매매가 가능한 관직은 일찍부터 사유재산의 한 형태로 간주되어왔고, 상속시 일정한 상속세를 지불하면 그만이었다. 그러나 여기에는 한 가지 단서가 목에 가시처럼 붙어 있었다. 바로 '40일 규정'이 문제였다. 이 규정을 따르자면 관직을 상속하려는 당사자는 상속이 발생한 이후 40일을 생존해야만 했다. 만일 40일을 넘기지 못하는 경우에, 해당 관직은 국가로 환수되고 국왕의 재정을 충당하기 위해 재판매될 수 있었다.

폴레트세는 왕정의 세수를 안정적으로 늘리고 관료직에 대한 대귀족의 영향을 배제할 수 있게 되었다는 점에서 프랑스 절대왕정의 필수적인 부분으로 자리잡았다. 하지만 이러한 관직매매를 통한 재정의 확보는 무의미한 관직의 증가로 이어졌다. 관직의 판매와 그에 따른 폴레트세를 통한 왕정의 수입은 1620~1624년 사이에 전체 세수의 약 38%에 육박할 정도로 증가했던 것이다. 그러나 폴레트세는 이미 한 세기 이전부터 존재해왔던 관직매매의 관행을 법적으로 보장했고 관직의 완벽한 사유재산화를 의미했다. 관직을 보유한 자들은 이제 왕정에 대해 더 큰 독립성과 자율성을 갖게 되었고, 이는 절대왕정이 예측하지 못한 결과를 낳았다. 국가의 공적 영역, 즉 사법과 행정 그리고 재정 분야에서 절대군주의 영향력이 감소하고 공정성을 기대하기 힘든 부패상황이 일반화되었다. 절대왕정의 돈줄이 오히려 절대군주의 발목을 잡는 형국으로 발전할 가능성은 이미 존재하고 있었다고 볼 수 있다.

물론 이러한 관직매매의 관행은 프랑스 절대왕정이 태동한 부르주아지를 왕정국가 내에 흡수·통합하고, 프랑스 사회의 새로운 부상 세력을 관료 엘리트로 변화시키는 데 기여했다. 프랑스 부르주아지의 발전사에서 나타난 특수성, 즉 관직을 매입함으로써 얻어지는 귀족의 작위와 그에 따르는 면세특권에 대한 편향적인 투자경향은 이미 여러 차례 지적된 바 있다. 게다가 귀족은 여전히 사회적인 선망의 대상이자 분명한 경제적 가치였다. 절대왕정 하에서, 국왕의 이해관계와 스스로의 이해관계의 결합은 부르주아지에게 결코 해가 될 것이 없는, 나아가 고수익을 보장해주는 투자 대상이었음에 틀림없다. 이 점에서는 귀족과 고위 성직자들도 예외가 될 수 없었다. 결국 자본은 제조업이나 상업적 모험 대신 고리대를 통한 절대주의 국왕과의 결탁으로 집중되는 경향을 보여주었다. 관직과 조세 청부와 국왕을 상대로 한 대부 등이 부르주아지의 자본을 생산으로부터 멀어지게 만들었다. 술리로부터 콜베르에 이르는 시기까지 프랑스의 산업과 상업은 국가의 주도 하에서 이루어지면서 왕립 매뉴팩처나 동인도회사와 같은 공적인 무역회사에서 발전의 통로를 찾게 되었다.

그러나 사실 이러한 재정적 문제는 절대주의체제의 근본적인 모순의 일각에 지나지 않았다. 루이 14세 치세 말기의 재정 문제는 좀더 심각한 체제 위기의 한 표현이었던 셈이다. 가장 큰 문제는 바로 전쟁이었다. 이것이야말로 문제의 심각함을 더 심각하게 만들고 그 결과를 악화시키는 주범이었다. 1672년 네덜란드 전쟁부터 프랑스의 대외 무력 갈등은 점점 더 중요해져갔고 그 부담이 늘어갔다. 그것은 직·간접적으로 사회 전체에 영향을 끼쳤다. 1701년부터 1713년 사이에 벌어진 에스파냐 왕위계승전쟁에 65만 명의 프랑스 젊은이들이 병사로 복무해야 했는데, 이는 같은 시기의 성직자 수보다 더 많은 숫자였다.

전쟁의 반복으로 인해 전쟁은 그 자체로서 절대주의의 주요한 도구였다. 병사들과 백성들에게 그것은 공포와 혼란이었지만, 왕에게 그것은 무엇보다도 가장 강력한 명령권의 일부, 즉 주권에 해당하는 것이었다.56) 앞서 보았던 베르사유궁전은 어떤 의미에서 강력한 전쟁 수행자인 국왕을 숭배하는 예식을 위한 신전과도 같았다. 최소한 그 신전에서 왕은 언제나 승리자일 수 있었다.

이쯤해서 우리는 절대주의 그리고 국가이성의 문제와 관련하여 빠뜨릴 수 없는 한 사상가를 살펴볼 필요가 있다. 바로 프랑스인은 아니지만 프랑스의 절대주의 정치사상에 깊은 영향력을 행사했던 피렌체인 마키아벨리이다. 그는 한때 교황으로부터 지옥의 사자라고 불렸고, 그의 발명품이라고 간주된 국가이성은 지옥의 이성(raison d'enfer)이라는 별명을 부여받았다. 마키아벨리즘의 담론이 지닌 가장 큰 특징은 무엇일까? 마키아벨리의 독창성은 중세 이래 전통적 정치이론이 일관되게 내포하고 있던 토마스 아퀴나스류의 초지상적인 목적지향주의[57)를 단호히 거부하고, 폭력적이건 교활하건 간에 오직 지배의 테크닉만을 추구했다는 점일 것이다. 이러한 명제 하에서 그는 정치와 도덕의 구별, 국가에 관한 이상주의적 사유로부터 현실적이며 냉정한 분석으로의 이행을 더 분명히 이해할 수 있었다. 속임수에 관한 그의 입장은 이러한 특징을 잘 보여준다. 마키아벨리즘은 속임수의 기술을 용인하고, 나아가 군주가 이 덕목을 적극적으로 이용해야 한다고 주장한다. 그러나 마키아벨리는 그에 대한 모든 결의(決疑)론(casuistique), 즉 도덕적인 판단 여부는 거부한다. 개인의 차원에서 자신의 감정을 드러내지 않는 것은 이중성의 표현이지만 군주에게 그것은 국가이성에 해당하는 문제가 된다. 사실, 진실의 은폐나 침묵을 의미하는 속임수는 군주의 덕목이며 또한 국가이성의 특성이기도 하다.

이 담론의 또 다른 특징은 바로 적(ennemi)의 개념이다. 이 담론은 모든 정황을 위협과 적대의 개념으로 분석하면서, 역학관계를 전술적으로 이용하는 영구전쟁이라는 의미로 정치를 이해한다. 평화는 외부의 적을 제거함으로써 내전의 조건을 형성하기 때문이다. 적의 부재는 같은 사회구성원 간의 우애의 끈을 끊어버리고 결속을 깨뜨린다. 결국 새로운 정의는 다음과 같다. 전쟁의 목적은 평화이지만, 이 평화는 더 이상 국가들 간의 것이 아니고 백성들 간의 것이다. 군대는 성패의 열쇠이고 군주는 평화로울 때에도 강력한 군사력을 유지해야만 한다. 군주는 또한 이 군사들이 나태함에 빠지지 않도록 그들을 이 전쟁에서 저 전쟁으로 끊임없이 이끌어야 한다.

마키아벨리즘과 절대주의와의 상관관계에는 아직까지 이론의 여지가 많다. 그러나 적어도 적 개념과 관련해서 마키아벨리즘은 절대주의의 한 축을 형성하고 있는 것처럼 보인다. 사실 절대주의는 전쟁의 산물, 다시 말해 군사적인 우월 의지가 만들어낸 산물이라고 볼 수 있다. 끊임없이 이어진 대외전쟁은 국왕으로 하여금 예외적인 자금조달방법을 선택하게 했다. 전쟁과 그것이 수반하는 사회적 긴장이야말로 절대왕정의 필수조건이었기에 예외적인 방법은 반영구적 체제로 고착되는 경향이 짙었다. 즉, 전쟁이라는 위급한 상황은 예외적인 조건을 창출하며, 일상적 관행으로부터의 단절을 정당화했던 것이다. 이러한 시각에서 본다면 절대주의체제란 비정상적, 예외적 상황이 영구화된 상태라고 볼 수 있다. 적어도 조세의 측면에서 이 점은 명확하다. 그리고 조세만큼 직접적이지는 않지만 절대주의체제의 경제 기조였던 17세기 중상주의에서도 전쟁과의 관련성을 찾아볼 수 있다. 오늘날 우리에게 익숙한 자유주의 경제학과는 달리 17세기의 중상주의에서 경제란 정치에 대립하는 것이 아닌 본질적으로 정치에 내재적인 것이었다. 인식론적인 차원에서 중상주의의 한계는 경제적인 목적과 정치적 목적 사이의 혼동이었다. 즉, 중상주의의 시각에서 경제는 국가의 힘을 증가시키는 수단에 지나지 않았다. 중상주의의 균형원칙―세상의 부의 양은 정해져 있다―에 따르면한 국가가 잃기 전에 다른 국가가 얻는 것은 불가능하다. 이같은 국가적 경쟁 하에서 산업과 교역은 전쟁의 대체수단이라기보다는 힘의 정치를 위한, 그리고 전쟁을 재생산해내는 수단으로만 인식되었다. 경제는 결국 전쟁을 먹여 살리며 전쟁은 또 다른 전쟁을 낳는 식이었다. 전쟁에서 자신의 일상적인정당성을 찾았던 절대주의 국가에서 경제논리는 다른 방식으로 나아갈 수 없었는지도 모른다. 결국 중상주의가 경제에 눈을 돌리기는 했지만 마키아벨리즘의 영역에서 벗어나지는 못한 것이다.[58]

한편, 관직매매의 관행을 통해서 절대주의체제는 그 주요한또 하나의 측면을 드러낸다. 샤를르 뒤물랭(Charles Dumoulin)이 기술한 대로, 개인의 특권에 대한 체제적 보장이다. "주권군주 아래에서 산다는 것, 그것은 최고의 자유를 의미한다."절대적인 권위는 권력의 자의적 행사와는 그 본질상 무관했다. "주권은 폭군정의 다른 이름에 지나지 않는다"고 말했던홉스의 경우를 제외하고, 절대주의는 동시대인들에게 폭군정의 반대어로 받아들여졌다. 절대군주가 보장하는 자유의 핵심적인 내용은 물론 재산권이었다. 재산권은 정당하며 결코 침해당할 수 없는 성질의 권리였다.

유일한 중앙 집권적인 권력의 필요성은 내란이나 대외 전쟁과 같은 위기 상황에서 절실하게 대두된다. 절대주의체제

하에서 프랑스 왕정은 바로 이러한 위기를 정의할 수 있는 권력을 행사했다. 그러나 평화로운 시기에도 개인의 재산권과 같은 기본권을 보호하는 권력은 필요한 법이다. 정치적 권위 없이 가족의 재산을 보장하는 것은 불가능했다. 프랑스는 16세기 후반부를 장식한 한 세대 동안의 내란을 통해 이를 경험했다. 보댕의 주권이론이 이 시기에 형성된 것은 결코 우연이라고 할 수 없다. 강력한 왕권에 제시한 연대와 결합의 구심점은 왕국의 분해를 자초할 수 있는 혼란과 무질서에 대한 하나의 대안이었다. 그렇다면 절대주의는 다양한 타협들의 총합이었던 셈이다. 그 결과인 국왕의 절대권은 개인의 재산권, 예를 들어 특히 비싼 가격을 지불하고 얻어낸 공적 관직에 대한 개인의 권리를 보호해주었다. 왕은 관직이 지니는 경제적 가치의 보증인이었던 셈이다. 관직매매가 폐지된 지 정확히 3년 뒤인 1789년, 프랑스 왕정이 몰락한 것을 우연이라고 볼 수 있을까?

절대왕정은 물론 위로부터의 강제와 지배 시스템임에는 틀림없다. 그러나 그것은 이론이 주장하는 것만큼 지배하는 국왕과 무조건적으로 복종하는 피지배자 사이의 절대적으로 보편적인 관계를 구현하지는 못했다. 재정 문제에서─특히 랑그독 지방의 경우에서처럼─절대왕정은 국왕과 인민을 서로 결합시키는 상호성과 연대성의 체제로 기능하기도 했다. 리슐리외는 그의 『정치유서』에서 이미 이 점을 간파하고 있었는지도 모르겠다. "어떠한 방법으로든 군주의 이해관계와 백성 개개인의 이해관계를 일치시키는 것은 바람직하다." 피에르 쇼뉘(Pierre Chaunu)가 서슴없이 '내부 아메리카(Amérique intérieure)'라고 불렀던 왕조국가는 무수히 많은 인간들이 참여한 거대한 기업과도 같은 것이 아니었을까? 그것의 성공은 외견상의 모순을 드러내 보이지 않으면서 중앙 집권화와 단일화의 이론적 원리를 각 지방의 세력관계를 유지 혹은 강화하고 있는 현실과 공존시키는 능력에 달려 있다고 할 수 있겠다. 절대주의는 한 사회의 규범으로 자리잡았지만, 절대왕권의 절대성이란 결코 완벽하지는 않았던 셈이다.

'절대'의 공허함

글을 시작하면서 농담처럼 던졌던 수학적 정의 "루이 14세 =프랑스 국가"를 다시 한번 검토해보자. 먼저 한 가지 고백하자면, 루이 14세는 "짐이 곧 국가"라고 말한 적이 없다. 다만 임종 직전에 그는 다음과 같은 유언을 남겼을 뿐이다. "과인은 이제 가노라. 하지만 국가는 그 이후에도 존속할 것이다."

루이 14세가 말했든 말하지 않았든 간에 두 정치적 문장 사이에는 분명한 긴장과 모순이 존재한다. "국가=국왕" 대 "국왕 이후의 국가", 이 두 공식에 나오는 국왕은 사실 서로 같은 것이 아니다. 국왕은 결코 죽지 않는다는 표현에서의 왕은 엄밀히 말해 루이 13세나 루이 14세 같은 개인을 지칭하지 않는다. 이 표현은 왕정의 영속성을 이야기할 뿐이며, 그 원칙에 따라 국가는 언제나 새로운 왕위계승자에 의해 계승된다는 것을 설명할 뿐이다. 사실 "국가 그것은 곧 짐이다"라고 말할 수 있는 것은 결코 루이 14세 개인이 아니었다. 그것은 바로 프랑스의 절대군주가 표상하는 정치공동체가 할 수 있는 이야기이다.

절대왕정은 현란한 수사학과 정교한 이론 그리고 세밀하게 연출된 예식에도 불구하고 명백한 한계를 내포하고 있었다. 국왕이 인간적 조건을 초월하는 것은 현실적으로 불가능했다. '결코 죽지 않는' 국왕은 언젠가 죽을 것이며, 결국 국가와 분리될 것이었다. 게다가 절대국왕의 '현실의 밤'은 '이론의 낮'만큼 화려해 보이지는 않는다. 절대국왕의 화려한 외견과 신화의 이면에는 국왕과 개인들 간의 결코 절대주의적이지 않은 타협과 협상이 있었다. 한마디로 백성의 '절대적' 복종과 왕과 국가의 하나됨은 대단히 값비싼 물건이었다. 절대국왕에게 이것이 과연 수지맞은 장사였는지는 좀더 생각해볼 일이다. 그런 점에서 절대왕정에 대한 볼테르의 냉소적인 평가는 자못 의미심장하다. "왕은 자신이 할 수 없는 것을 하지 못했음은 물론이고 그가 할 수 있는 것조차 하지 못했다." 이론의 내재적 모순 그리고 이론과 동떨어진 현실과의 타협으로 절대왕정은 어쩌면 "강력해질수록 허약해진"[59] 것은 아닐까? 더 단순하게 말해서 절대주의는 부단히 만들어지고 있었지만, 결코 완전히 완성된 적은 없다고도 말할 수 있을 것이다.

그러나 보다 근본적인 이유는 권력이 절대군주의 수중에

집중되면 집중될수록, 개인적이며 '사적인' 통치권은 '공적인' 독점통치권으로 변질되었다는 점에 있다. 루이 14세는 "짐이 곧 국가"라고 말할 수 있었을지 모르지만, 왕이 국가가 되면서 왕은 더 이상 개인으로 머무르지 않는다. 즉, 절대군주는 사적 존재가 아닌 공적 존재로 변해갔다. 사적 권력의 구현자와 공적 존재 사이의 모순과 갈등은 절대군주정이 안고 있는 비밀이지만, 이 둘 가운데 최후의 승리자가 누구였는지는 모두가 다 아는 사실이다. 1793년 1월 단두대에서 잘려 나간 것은 단순히 루이 16세라는 한 개인의 머리가 아니라, 공적 권력을 개인화하려던 왕정국가의 이데올로기, 또는 절대주의의 야심이기도 했던 것이다.

1) 왕권을 위협할 만한 상황은 대략 언제쯤 종료되었을까? 프랑스 남부 프로방스 지방의 농민반란을 연구한 르네 필로르제 (René Pillorget)는 『*Les mouvements insurrectionnels en provence entre 1596 et 1715*』(Paris, 1975)에서 1661년 이후 일종의 '전염성 복종심'이 나타나고 있다고 주장한 바 있다. 이러한 복종은 고등법원과 각 지방의 엘리트계층에게서 먼저 발견된다. 이들은 국왕과 그 대리자들의 권력에 저항하는 것이 헛되다는 것을 깨달은 것처럼 보였다. 종교전쟁과 함께 시작된 한 세기 동안의 반란과 저항의 물결은 이제 가라앉기 시작했다. 프랑스의 왕은 왕권에 대한 저항의 마지막 거친 숨결이었던 프롱드의 난을 딛고 일어서면서 승리의 월계관을 쓰고 정말 모든 것을 그의 권위 아래에 굴복시켰다.

2) 절대주의에 대한 17세기 프랑스의 정치적 논의에 대해서는 앙리 쎄, 『17세기 프랑스 정치사상』(나정원 옮김, 민음사, 1997) 참조.

3) 시캄브르. 라틴어로는 'Sicambri'또는 'Sugambri'라고 쓰이기도 한다. 게르만족 중 하나로서 AD 12년경 로마에게 정복당했고 현재의 벨기에 지역으로 이주되었다. 3세기경 이들은 프랑크족에 동화되었다. 이후 이 용어는 프랑크인을 지칭하는 데 자주 사용된다.

4) 이것은 세례가 있은 지 약 80년 후에 투르의 주교였던 그레고리우스(538~594)에 의해 기록된 것이다.

5) 클로비스의 세례가 이루어진 연도에 대해서는 여러 의견이 분분하다. 대략 496년과 509년 사이의 어느 해 12월 25일이라고 알려져 있다.

6) 프랑스 국왕 즉위식의 중요한 부분인 축성식은 카롤링 왕조 때부터 시작되었다. 단신왕 페팽은 성 보니파키우스와 교황 에티엔 2세에게서 두 차례나 축성받았고 816년에는 경건왕 루이가 처음으로 성유에 의한 축성과 도유식을 함께 치렀다. 그리고 카페 왕조의 루이 9세(1226~1270)에 의해 구체적이

고 정밀한 예식이 자리잡았다. 이 예식에 의해 신성과 종교성을 지니게 된 프랑스의 국왕은 이제 사제이자 주술사(연주창 치유사)로 간주되기도 했다.

축성식은 일종의 초자연적 힘과의 관계설정 의식이었다. 그리스도교 사회에서 그것은 신과의 직접적 관계를 표현한다. 랭스의 주교가 집전하는 이 예식은 단순한 권력의 위임을 넘어(이는 대관식에 해당하며, 국왕은 신에 의해 대관된다) 국왕의 머리와 가슴, 어깨, 팔꿈치 그리고 손에 뿌려지는 성유를 통해 국왕의 신체에 초자연적 힘을 불어넣게 된다. 이제 국왕은 신성한 매개자, 신과 프랑스 신민과의 결합을 상징하는 중간적인 존재로 다시 태어나는 것이다.

7) 주권이라는 용어는 물론 보댕에게서 새로운 의미로 사용된다. 그러나 주권이란 용어는 이미 중세기에 등장했는데 상대적으로 우월한 권위를 묘사하기 위해 사용되었다. 16세기에 와서 이 단어는 최상급의 의미를 띠기 시작했다. 그것은 어떤 다른 원천을 갖지 않고 그 어떤 상위 권력도 인정하지 않는 권위를 의미했다.

8) 필립 오귀스트(Philippe Auguste, 1180~1223) 이후 프랑스 국왕은 그 누구에게도 신서를 바치지 않았다.

9) 봉건시대와 15세기 초 이탈리아에서는 영주권(segnoria)이란 용어를 사용했다. 임페리움이란 용어는 정치공동체에서 최고의 형태로 행사되는 사법권을 지칭했다.

10) 마이론 길모어(Myron P. Gilmore)가 지적한 대로 "이 완전한 명령권의 역사는 사상사에 있어서 개념의 지속성을 보여주는 놀라운 예이다. 그러나 단어가 바뀌지는 않았으나 그것이 적용된 현실은 완전히 다른 것이었다." *Argument from Roman Law in Political Thought : 1200~1600*(Cambridge, Mass., 1941), p.12.

11) 코르비오라는 이름을 기억하는 사람이 국내에 그리 많지는 않겠지만 그의 작품「파리넬리」(1994)를 모르는 영화팬은 드물 것이다.

12) Jean-Marie Apostolidès, *Le roi-machine, spectade et politique au temps de Louis XIV*(Paris, 1981).

13) 표상이라고 번역되는 'representation'의 개념은 사실 의외로 단순하다. 그것은 말 그대로 '다시(re)-보여주기(presentation)'

이다. '다시'가 반복되면서 그것은 영구적인 재생의 의미를 지니게 된다.

14) '왕의 두 신체'의 개념과 그 활용에 관해 본고는 에른스트 칸토로비츠의 연구에 크게 의존하고 있음을 밝힌다. Ernst Kantorowicz, *The King's two bodies : A Study in Mediaeval Political Theology*(Princeton University Press, 1957; reed. 1997).

15) Ernst Kantorowicz, "Mysteries of State, An absolutist concept and its late medieval origins"(*Selected Studies*, New York, 1965), p.396.

16) Jacques-Bénigne Bossuet, *Sermon sur les devoirs des rois*(Paris, 1662).

17) Edmund Plowden, *Commentaries or Reports*(London, 1816), 재인용. Ernst Kantorowicz, *King's Two Bodies*, p.7. 왕의 두 신체 개념은 언제 만들어지는가? 칸토로비츠의 고문서에 대한 열정은 1100년경의 노르만 무명씨의 저작이 지닌 중요성을 간파하게 했다. 노르망디 지방의 한 이름 없는 성직자가 남긴 저작은 하나의 인격으로서 종교적 능력을 부여받음으로써 두 개의 본성을 지니게 된 왕의 개념을 설파한다. 서임권 투쟁이 한창이었을 당시 반교황적인 주장을 펴면서 왕의 서임권, 성스런 권한에 대한 국왕의 권리를 옹호했던 무명씨의 작품은 우리를 중세 초기의 그리스도 중심적인 왕정이론으로 안내하면서 그리스도의 모방자(christomimetes)인 왕을 만나게 해준다. 그리스도의 모방자로서 그는 두 개의 본성, 인성과 신성을 지니게 된다. 이 점에서 왕은 신인 예수의 지상 대응물이다. 물론 예수와 왕은 동일한 존재가 아니다. 양자의 다른 점은 예수가 본질적으로 이중본성적인 반면 왕의 신성이 축성과 도유예식을 통해 후천적으로 획득된다는 점이다. 그럼에도 이러한 차이는 칸토로비츠에 따르면 정치에서 그다지 중요하지 않다. 왜냐하면 그것이 본질적이건 축성에 의해서건 간에 신성이 부여하는 권력은 동일한 것이기 때문이다. 즉, 왕은 지상의 그리스도이다. 칸토로비츠는 이 개념을 아 아헨의 복음서(975년)에 실린 황제 오토 2세의 초상화, 다양한 동전과 메달 그리고 미니어처들을 분석하면서 설명하고자 한다.

18) 에른스트 칸토로비츠에 앞서 이 정치적 허구를 냉소적인 필치로 서술한 영국의 법제사가 메이트랜드는 단독법인으로서

의 왕이라는 허구가 만들어낼 수 있는 갖가지 시사풍자극을 보여주면서 두 개의 몸을 지닌 왕이라는 '형이상학적 넌센스의 극치'를 소개한 바 있다. 1715년의 반란에 가담했던 어느 남작의 토지보유농들(tenants)은 영지가 국왕에 의해 몰수되고 땅주인이 교체된 것을 대단히 반겼는데, 왜냐하면 "이제 이 땅은 법적으로 결코 죽지 않는 국왕 전하와 그 정치권력의 후계자들에게 귀속된 이상", 그들은 영주(이제까지는 언젠가는 사망하기 마련이었던)의 사망에 따른 관습적 부조금을 더 이상 낼 필요가 없을 것이라고 생각했기 때문이다. 하지만 의회는 놀랍게도 다음과 같은 결정으로 농민들을 실망시켰다. 이 사건의 경우 국왕은 언젠가는 사망하게 될 일개 사사로운 개인으로 간주되어야 하며 결과적으로 농민들은 이전처럼 계속 세금을 지불해야 한다는 것이었다. Frederic William Maitland, *Selected Essays*(Cambridge, 1936), pp.104-127.

19) 국왕의 불가시(不可視)성은 정치체에 관한 기본적 정의들에 속한다. 플라우-덴에게서 그것은 다음과 같이 표현된다. "정치적 신체는 보여지거나 만져질 수 없는 신체이다." 에드워드 콕 경의 『칼뱅 사건 *Calvin's Case*』(1608)과 조지 윌슨 판의 『보고서 *The Reports*』(VII, 런던, 1777, 10-10a)에서는 "정치적 능력은 눈에 보이지 않으며 불멸이기 때문에"라고 기록되어 있다(Ernst Kantorowicz, op. cit., pp.4-5).

20) 메이트랜드의 지적을 참조할 것. Pollock and Maitland, *The History of English Law*(2nd ed., Cambridge, 1898 and 1923), I, p.512, p.495.

21) 하지만 이러한 동의이론은 현대 민주주의이론과는 엄밀히 구분된다. 왕국의 모든 구성원이란 개개인들의 집합이 아니라 세 개의 신분으로 나누어진 계서화된 인민들의 집합체, 예를 들어 삼부회를 의미했다.

22) 바로 이들이 프랑스의 모나르코마크(Monarchomques)이다. 초보적인 인민주권사상을 피력하면서 인민이 국왕에 복종하기 위해 만들어진 것이 아니라 정반대로 인민을 위해 국왕이 만들어졌다고 주장했다. 가장 대표적인 사상가로는 테오도르 드 베즈(Théodore de Bèze)와 프랑수아 오트만(François Hotman), 뒤 플레시스 모르네(Ph. du Plessis-Mornay)를 들 수 있다.

23) Cardin Le Bret, *Traité de la souveraineté du roi : de son domaine et de sa couronne*(Paris, 1632), I, 9.

24) Charels Loyseau, *Traité des seigneuries*(Paris, 1610), II, 2.

25) Louis Marin, *Le portrait du roi*(Paris, 1981), p.21.

26) Marc Bloch, *Les Rois thaumaturges*(Paris, Gallimard, nouvelle éd. 1983), pp.258-260.

27) 루이 14세 이전에 백성들은 왕궁에 자유롭게 출입했다. 루브르궁 주변은 임시 사설 가건물들로 언제나 소란스러웠고 언제나 호기심에 가득 찬 방문객들로 들끓었다. 1600년경 국왕을 호위하는 병사들은 고작 수십 명뿐이었고 여기에 소수의 친위대가 있었을 뿐이다. 앙리 3세를 암살했던 쟈크 클레망(Jacques Clément)이나 앙리 4세의 암살자인 라바이야크(Ravaillac) 모두 어렵지 않게 국왕에 접근했고 치명적인 상처를 입힐 수 있었다.

28) 1564년 섭정 모후 카트린 드 메디치(Catherine de Médicis)는 아직 미성년인 샤를르 9세의 권력의 취약함과 종교적 분쟁의 심화를 우려하여 대대적인 왕국 순회를 준비했다. 국왕과 참사회 그리고 궁정 전체가 파리를 출발하여 최남단의 랑그독 지방까지 내려갔고 다시 대서양 연안을 따라 북상하여 브르타뉴 지방을 순회하였다. 마찬가지로 내전이 끝나고 난 뒤 앙리 4세도 매해 봄이면 정치적으로 위험한 지역들을 차례로 순방하였다. 루이 13세의 미성년기에도 섭정 모후 마리 드 메디치(Marie de Médicis)가 대귀족들의 정치적 위협에 맞서 같은 절차를 밟았다. 1659년 왕실은 루이 14세와 에스파냐의 왕녀 마리-테레즈(Marie-Thérèse)와의 혼사를 위한 프랑스 순회를 마쳤다. 그리고 1682년 프랑스 왕실은 베르사유 칩거에 들어간다.

29) *Lettre du Père Caussin à Monseigneur le cardinal de Richelieu*(s. l., 1773), p.12.

30) *Lettre du père Caussin au père Jacques Sirmond*, 재인용 C. Rochemonteix, *Le Pre Caussin, confesseur de Louis XIII et le cardinal de Richelieu*(Paris, 1911), p.67.

31) *La cours sainte*(Paris, 1664, 2 tomes, in-fol) t. II, p.491.

32) *Lettre du Père Caussin à Monseigneur le cardinal de Richelieu* (s. l.,

1773), p.41.

33) Marcel Gauchet, "L'État au miroir de la raison d'État"(Yves Charles Zarka, éd., *Raison et déraison d'État,* Paris, PUF, 1994), pp.200-210.

34) 1649년 영국왕 찰스 1세 또한 청교도 혁명에 의해 형장의 이슬로 사라졌다. 그리고 정확히 144년 후 프랑스의 루이 16세가 단두대의 이슬로 사라졌다.

35) 이 부분에 관해서는 프랑스 혁명 이후 수립된 공화국이 선택한 국가의 표상, 마리안느에 주목할 필요가 있다. 프리지아(Phrygia) 모자를 쓰고 왕관을 짓밟고 있는 이 여성은 공화제가 군주제를 타도한다는 관념을 표현하고 있는 알레고리였다. 군주제 대신 공화제를 채택한 1792년의 혁명은 국가의 공식적인 초상을 바꾸었다. 프랑스 공화국은 스스로를 표현하기 위해 마리안느라는 여성의 모습을 한 자유의 초상을 상징으로 삼았다. 의인화된 국가라고 할 군주의 인장과 초상화가 존재했던 자리에 이름 없는 추상적 국가, 공화국의 시각적 심벌을 배치해야 했다. 마리-안느는 평범하고 널리 퍼진 민중적·대중적인 이름이며, 민중적이고자 하는 새로운 국가를 지칭하기에는 안성맞춤인 이름이었다. 그러나 이 여인의 초상이 프랑스 공화국의 상징적 이미지로 확립되는 과정은 왕정 시절과 마찬가지로 복잡했다. 마리안느에 관해서는 모리스 아귈롱, 『마리안느의 투쟁』(전수연 옮김, 한길사, 2001)을 참조.

36) 필자가 보기에 프랑스의 종교전쟁은 결코 1598년 낭트칙령으로 끝나지 않는다. 무력시위라는 점에서 본다면 그것은 1629년에 이르러서야 끝나게 되기 때문이다. 낭트칙령은 결코 평화협정이 아니었고 다만 휴전을 의미할 뿐이었다. 따라서 당대의 가톨릭 세력의 입장에서라면 그 끝은 1685년 이 칙령의 철회를 통해서 실현된 것으로 간주될 것이다. 앞에서 언급했다시피 절대주의의 강화 기간 내내 위그노에 대한 공세는 지속되었고 칙령에도 불구하고 루이 13세는 1628년의 라로셸 공략, 랑그독 정복을 통해 이들의 무력적 근거를 말살하고자 했다. 또 루이 14세는 절대군주로서 하나의 국왕, 하나의 종교라는 원칙을 재확립하고자 했다.

37) Joël Cornette, "Fiction et réalité de l'Etat baroque(1610-1652)" (Henry Méchoulan, éd., *L'Etat baroque, regards sur la pensée politique de la France du premier XVIIe siède*, Paris, Vrin, 1985), p.9.

38) Mathieu de Morgues, *Très-humble, très-véritable et très-importante remonstrance au Roy*(S. l., 1631), In-4°, p.55.

39) Robert Descimon et Alain Guéry, "Un Etat des temps modernes?" (André Burgière et Jacques Revel, éd., *L'Etat et les pouvoirs, Histoire de la France*, Paris, 1989), pp.184-189를 참조할 것.

40) M. Gauchet, "L'Etat au miroir de la raison d'Etat", p.203 : 마라발(José-Antonio Maravall) 또한 같은 특징을 지적하고 있다. *La Philosophie politique espagnole au XVIIe siède dans ses rapports avec l'esprit de la Contre-Réforme*, p.188.

42) 표상(représentation)에 관한 연구는 많은 연구자들의 지대한 관심을 끌었던 분야로 풍성한 연구업적들이 나오고 있다. 중세사에 있어서는 대표적인 두 저작을 꼽을 수 있은데, 먼저 Marc Bloch, *Les Rois thaumaturges, essai sur le caractère surnaturel attribué à la puissance royale particulièrement en France et en Angleterre*(Paris, 1924) : Ernest Kantorowicz, *Les Deux corps du roi, essai sur la théologie politique au Moyen Âge*(Paris, 1989), 이 책은 Jean-Philippe Genet에 의해 영어로 번역되었다.

17세기史에 관한 대표적 저작들은 다음과 같다. Norbert Elias, *La Société de cour, traduit de l'allemand par Pierre Kamnitzer* (Paris, 1974) : Ralph E. Giesey, *Cérémonial et puissance souveraine, France XVe- XVIIe siède*(Paris, 1987) : Sarah Hanley, *Les Lits de justice des Rois de France*(Paris, 1990) : Michel Fogel, *Les Cérémonies de l'information dans la France du XVIe au XVIIIe siède*(Paris, 1989) : Louis Marin, *Le portrait du roi*(Paris, 1981) : G. Sabatier, "Les rois de représentation, image et pouvoir(*XVIe-XVIIe sièdes*)", Revue de synthèse, n° 3-4, (1991), pp.387-422.

42) 국가의 개념 정립을 둘러싼 근대의 논쟁은 다양한 사상적 흐름이 충돌하는 장소였고 한 인물의 이름에 의해 그 분명한 윤곽이 드러났다. 국가주의의 성인 마키아벨리, 이 피렌체인이 정말 국가이성의 발명자이건 아니건 간에, 한 역사가의 유머가 이 시기의 정치적 논쟁을 가리켜 '흑성 마키아벨리'

라고 명명할 수 있을 정도로, 모든 논의는 이후 그의 후광 하에서 이루어졌다. 마키아벨리즘은 국가이성의 세례명이 되었다.

43) *Desseins de professions nobles et publique*(Paris, 1612), p.338.

44) *Sorbière, réflexions politiques sur la sagesse du Roy, et la fidélité de ses ministres, faites en sept.* 1664 à Nantes, 재인용, René Pintard, *Le Libertinage érudi dans la première moitié du XVIIe siècle*, Paris, 1943, 2 vol., p.558.

45) Jacques-Bénigne Bossuet, *La politique tirée de l'Ecriture Sainte*, III, 2.

46) 노르베르트 엘리아스, 『궁정사회』(박여성 옮김, 한길사, 2003), p.234 재인용.

47) 앞의 책.

48) 앞의 책, p.187.

49) 관복귀족의 문제에 관해서는 『역사비평』 2000년 가을호에 실린 필자의 글 「구체제 프랑스의 노블레스 : 검과 혈통, 금권 그리고 관복」, pp.303-325 참조.

50) Françoise Bayard, *Le monde des financiers au XVIIe siècle*(Paris, 1988) : Daniel Dessert, *Argent, pouvoir et société au Grand Siècle* (Paris, 1984).

51) Joël Cornette, "Louis XIV, l'argent et les élites", in *L'Histoire*, n° 184, 1995, janvier, pp.84-87.

52) 국내에서 오랫동안 인두세로 번역되어왔던 타이유(taille)는 사실 인두세가 아닌 직접재산세이다. 중세에는 전투에 참가하지 않는 주민에게 봉건영주가 부과하던 봉건적이고 군사적인 의미를 지닌 세금이었으나 1439년부터 오직 국왕에 의해 부과될 수 있게 되었다.

53) William Beik, "Collaboration with the King : positive results and fulfilled ambitions"(*Absolutism and Society in the Seventeenth-century France : State power and Provincial Aristocracy in Languedoc*, Cambridge University Press, 1985).

54) 전자는 루이 14세의 영토적 야심이 야기한 전쟁이다. 그는 라인 강변의 서부 독일로 영토를 팽창하고자 전쟁을 일으켰다. 이에 맞서 네덜란드의 오라네공 빌렘(영국왕 윌리엄)을 중심으로 독일 내의 유력한 영방국가와 오스트리아, 에스파,

냐, 스웨덴, 사보이 등 유럽 전체에 대동맹(아우구스부르크 동맹)이 결성되었다. 프랑스 해군이 영국 해군에 패하면서 프랑스는 알자스 일부를 보유하는 데 만족하고 현상 유지에 합의했다. 그 후 4년 뒤 왕위계승자가 없던 에스파냐의 카를로스 2세(1665~1700)가 그의 전 영토를 루이 14세의 손자 필립에게 물려주고 사망하면서 일어난 전쟁이 에스파냐 왕위계승전쟁이다.

55) 다니엘 리비에르, 『프랑스의 역사』(최갑수 옮김, 까치, 1998), pp.216-217.

56) 그러나 당시의 전쟁은 정치적 문제이면서 동시에 문화적인 현상이기도 했다. 장기 지속에 속하는 이 전쟁문화는 서유럽 사회의 역사와 기능 그리고 그 상상의 세계에 깊은 흔적으로 남았다. 제2신분인 귀족은 그 정의상 직업적인 전사계층이 아니었던가? 명예와 용맹 그리고 자기희생과 같은 귀족의 가장 숭고한 덕목은 피비린내 나는 전장에서 가장 화려하게 구현될 수 있었다. 그리고 그들의 용기는 가능하다면 전사 중의 전사이자 주군 중의 주군인 국왕이 보는 앞에서 발휘되는 것이 이상적이었다. 『프랑스왕조사』를 쓴 미셸 마롤(Michel Marolles)은 1654년 젊은 루이 14세가 지켜보는 가운데에서 벌어진 스테네(Stenay) 포위공격 중, 날아든 포탄에 한 팔을 잃은 병사가 자신이 국왕을 위해 싸우다 팔을 잃었음을 자랑하기 위해 떨어져나간 자신의 팔을 곧바로 주워들고 국왕에게 달려가서 보고했던 이야기를 매우 상징적인 사례로 소개했다. 마롤과 동시대인인 보수에는 『성경의 말씀에 입각한 정치』에서 명예로운 죽음에 대해 다음과 같이 설교했다. "용감한 죽음이 승리보다 더 영광스러울 때가 있다. 영광이야말로 전쟁의 지주이다. 조국을 위해 죽을 줄 아는 자들은 적들의 간담을 서늘케 할 명예로운 이름을 남기게 되며, 이로써 그들은 살아서보다 더 조국에 이로운 일을 하게 된다." 이 시기의 전쟁은 단순한 군사사의 차원을 넘어서 문화인류학적 차원의 문제였다.

57) 토마스 아퀴나스는 다음과 같이 통치의 성격을 정의하고 있다. "한 존재를 다스린다는 것은 그에게 부여된 목적으로 인도한다는 것이다. 그것은 마치 선박을 다스린다는 것이 아무

런 사고 없이 정해진 목적지로 배를 운항하는 것과 같다. 그
래서 만일 무언가가 외재적인 목적을 부여받는다면, 마치 선
박이 항구로 향해가듯이 통치자의 임무는 그것을 온전히 보
존하는 것과 동시에 그 목적으로 인도하는 데에 있다.……사
회의 최종적인 목적은 그래서 덕성으로 살아가는 데에 있는
것이 아니라 그것을 통한 신의 향유에 있다."(*De regna* II, 2
: Quel mode de gouvernement est propre au roi.)

58) 서양의 인식론에서 경제와 정치의 관계를 설명하는 것은 그
다지 어렵지 않다. 이를 설명하기 위해 다른 한 가지 개념을
더 첨가해보자. 즉, 수신(monastique)의 개념이다. 이 세 개념
들은 일정한 위계를 지니는데, 가장 기본적인 것이 수신
(mono-tique)이며, 그 다음이 집안 살림의 의미로 이해되던 경
제(econo-mique) 그리고 최종 단계에 다수의 통치란 의미를
지니는 것이 바로 정치(poli-tique)였다. 이러한 아리스토텔레
스의 구분법은 수신제가치국(修身齊家治國)에 익숙한 우리
에게 그다지 낯선 것은 아닐 것이다. 차이점이 있다면 고대
그리스는 영역적으로 평천하(平天下)를 생각할 수밖에 없었
던 고대 중국보다 땅덩이가 작았다는 점 정도일 것이라고 생
각한다. 그리고 정치와 수신의 관계와 거리에 관하여 생각할
때마다 머리에 떠오르는 청와대와 백담사의 이미지가 전혀
허무맹랑한 것은 아닌 듯하다.

59) Denis Richet, *La France moderne : l'esprit des institutions*(Paris, 1973),
p.57.

프랑스엔 〈크세주〉, 일본엔 〈이와나미 문고〉,
한국에는 〈살림지식총서〉가 있습니다.

📖 전자책 | 🔍 큰글자 | 🔊 오디오북

001 미국의 좌파와 우파 | 이주영 📖🔍
002 미국의 정체성 | 김형인 📖🔍
003 마이너리티 역사 | 손영호 📖
004 두 얼굴을 가진 하나님 | 김형인 📖
005 MD | 정욱식 📖🔍
006 반미 | 김진웅
007 영화로 보는 미국 | 김성곤 📖
008 미국 뒤집어보기 | 장석정
009 미국 문화지도 | 장석정
010 미국 메모랜덤 | 최성일
011 위대한 어머니 여신 | 장영란 📖🔍
012 변신이야기 | 김선자
013 인도신화의 계보 | 류경희 📖🔍
014 축제인류학 | 류정아 📖
015 오리엔탈리즘의 역사 | 정진농 📖🔍
016 이슬람 문화 | 이희수 📖🔍
017 살롱문화 | 서정복
018 추리소설의 세계 | 정규웅 🔍
019 애니메이션의 장르와 역사 | 이용배 📖
020 문신의 역사 | 조현설
021 색채의 상징, 색채의 심리 | 박영수 📖🔍
022 인체의 신비 | 이성주 📖🔍
023 생물학무기 | 배우철 📖
024 이 땅에서 우리말로 철학하기 | 이기상
025 중세는 정말 암흑기였나 | 이경재 📖🔍
026 미셸 푸코 | 양운덕 📖
027 포스트모더니즘에 대한 성찰 | 신승환 📖🔍
028 조폭의 계보 | 방성수
029 성스러움과 폭력 | 류성민 📖
030 성상 파괴주의와 성상 옹호주의 | 진형준 📖
031 UFO학 | 성시정 📖
032 최면의 세계 | 설기문
033 천문학 탐구자들 | 이면우
034 블랙홀 | 이충환 📖
035 법의학의 세계 | 이윤성 📖🔍
036 양자 컴퓨터 | 이순칠 📖
037 마피아의 계보 | 안혁 📖
038 헬레니즘 | 윤진 📖🔍
039 유대인 | 정성호 📖🔍
040 M. 엘리아데 | 정진홍 📖🔍
041 한국교회의 역사 | 서정민 📖🔍
042 야훼와 바알 | 김남일 📖
043 캐리커처의 역사 | 박창석
044 한국 액션영화 | 오승욱 📖
045 한국 문예영화 이야기 | 김남석 📖
046 포켓몬 마스터 되기 | 김윤아

047 판타지 | 송태현 📖
048 르 몽드 | 최연구 📖🔍
049 그리스 사유의 기원 | 김재홍 📖
050 영혼론 입문 | 이정우
051 알베르 카뮈 | 유기환 📖🔍
052 프란츠 카프카 | 편영수 📖
053 버지니아 울프 | 김희정 📖
054 재즈 | 최규용 📖
055 뉴에이지 음악 | 양한수 📖
056 중국의 고구려사 왜곡 | 최광식 📖🔍
057 중국의 정체성 | 강준영 📖
058 중국의 문화코드 | 강진석
059 중국사상의 뿌리 | 장현근 📖🔍
060 화교 | 정성호 📖
061 중국인의 금기 | 장범성
062 무협 | 문현선 📖
063 중국영화 이야기 | 임대근 📖
064 경극 | 송철규 📖
065 중국적 사유의 원형 | 박정근 📖🔍
066 수도원의 역사 | 최형걸 📖
067 현대 신학 이야기 | 박만 📖
068 요가 | 류경희 📖
069 성공학의 역사 | 정해윤 📖
070 진정한 프로는 변화가 즐겁다 | 김학선 📖🔍
071 외국인 직접투자 | 송의달
072 지식의 성장 | 이한구 📖🔍
073 사랑의 철학 | 이정은 📖
074 유교문화와 여성 | 김미영 📖
075 매체 정보란 무엇인가 | 구연상 📖🔍
076 피에르 부르디외와 한국사회 | 홍성민 📖
077 21세기 한국의 문화혁명 | 이정덕
078 사건으로 보는 한국의 정치변동 | 양길현 📖🔍
079 미국을 만든 사상들 | 정경희 📖🔍
080 한반도 시나리오 | 정욱식 📖🔍
081 미국인의 발견 | 우수근 📖
082 미국의 거장들 | 김홍국 📖
083 법으로 보는 미국 | 채동배
084 미국 여성사 | 이창신 📖
085 책과 세계 | 강유원 🔍
086 유럽왕실의 탄생 | 김현수 📖🔍
087 박물관의 탄생 | 전진성 📖
088 절대왕정의 탄생 | 임승휘 📖🔍
089 커피 이야기 | 김성윤 📖🔍
090 축구의 문화사 | 이은호
091 세기의 사랑 이야기 | 안재필 🔍
092 반연극의 계보와 미학 | 임준서 📖

093 한국의 연출가들 | 김남석 📖
094 동아시아의 공연예술 | 서연호 📖
095 사이코드라마 | 김정일
096 철학으로 보는 문화 | 신응철 📖🔍
097 장 폴 사르트르 | 변광배 📖
098 프랑스 문화와 상상력 | 박기현 📖
099 아브라함의 종교 | 공일주 📖
100 여행 이야기 | 이진홍 📖🔍
101 아테네 | 장영란 📖🔍
102 로마 | 한형곤 📖
103 이스탄불 | 이희수 📖
104 예루살렘 | 최창모 📖
105 상트 페테르부르크 | 방일권 📖
106 하이델베르크 | 곽병휴 📖
107 파리 | 김복래 📖
108 바르샤바 | 최건영 📖
109 부에노스아이레스 | 고부안 📖
110 멕시코 시티 | 정혜주 📖
111 나이로비 | 양철준 📖
112 고대 올림픽의 세계 | 김복희 📖
113 종교와 스포츠 | 이창익 📖
114 그리스 미술 이야기 | 노성두 📖
115 그리스 문명 | 최혜영 📖
116 그리스와 로마 | 김덕수 📖🔍
117 알렉산드로스 | 조현미 📖
118 고대 그리스의 시인들 | 김헌 📖
119 올림픽의 숨은 이야기 | 장원재 📖
120 장르 만화의 세계 | 박인하 📖
121 성공의 길은 내 안에 있다 | 이숙영 📖🔍
122 모든 것을 고객중심으로 바꿔라 | 안상헌 📖
123 중세와 토마스 아퀴나스 | 박주영 📖🔍
124 우주 개발의 숨은 이야기 | 정홍철 📖
125 나노 | 이영희 📖
126 초끈이론 | 박재모 · 현승준 📖
127 안토니 가우디 | 손세관 📖🔍
128 프랭크 로이드 라이트 | 서수경 📖
129 프랭크 게리 | 이일형
130 리차드 마이어 | 이성훈 📖
131 안도 다다오 | 임채진 📖
132 색의 유혹 | 오수연 📖
133 고객을 사로잡는 디자인 혁신 | 신언모
134 양주 이야기 | 김준철 📖🔍
135 주역과 운명 | 심의용 📖🔍
136 학계의 금기를 찾아서 | 강성민 📖🔍
137 미 · 중 · 일 새로운 패권전략 | 우수근 📖🔍
138 세계지도의 역사와 한반도의 발견 | 김상근 📖🔍
139 신용하 교수의 독도 이야기 | 신용하 📖
140 간도는 누구의 땅인가 | 이성환 📖
141 말리노프스키의 문화인류학 | 김용환 📖
142 크리스마스 | 이영제
143 바로크 | 신정아 📖
144 페르시아 문화 | 신규섭 📖
145 패션과 명품 | 이재진 📖
146 프랑켄슈타인 | 장정희 📖
147 뱀파이어 연대기 | 한혜원 🔊
148 위대한 힙합 아티스트 | 김정훈 📖
149 살사 | 최명호
150 모던 걸, 여우 목도리를 버려라 | 김주리 📖
151 누가 하이카라 여성을 데리고 사나 | 김미지 📖
152 스위트 홈의 기원 | 백지혜 📖
153 대중적 감수성의 탄생 | 강심호 📖
154 에로 그로 넌센스 | 소래섭 📖
155 소리가 만들어낸 근대의 풍경 | 이승원 📖
156 서울은 어떻게 계획되었는가 | 염복규 📖🔍
157 부엌의 문화사 | 함한희 📖
158 칸트 | 최인숙 📖
159 사람은 왜 인정받고 싶어하나 | 이정은 📖🔍
160 지중해학 | 박상진 📖
161 동북아시아 비핵지대 | 이삼성 외
162 서양 배우의 역사 | 김정수
163 20세기의 위대한 연극인들 | 김미혜 📖
164 영화음악 | 박신영 📖
165 한국독립영화 | 김수남 📖
166 영화와 샤머니즘 | 이종승 📖
167 영화로 보는 불륜의 사회학 | 황혜진 📖
168 J.D. 샐린저와 호밀밭의 파수꾼 | 김성곤 📖
169 허브 이야기 | 조태동 · 송진희 📖
170 프로레슬링 | 성민수 📖
171 프랑크푸르트 | 이기식 📖
172 바그다드 | 이동은 📖
173 아테네인, 스파르타인 | 윤진 📖
174 정치의 원형을 찾아서 | 최자영 📖
175 소르본 대학 | 서정복 📖
176 테마로 보는 서양미술 | 권용준 📖
177 칼 마르크스 | 박영균
178 허버트 마르쿠제 | 손철성 📖
179 안토니오 그람시 | 김현우 📖
180 안토니오 네그리 | 윤수종 📖
181 박이문의 문학과 철학 이야기 | 박이문 📖🔍
182 상상력과 가스통 바슐라르 | 홍명희 📖
183 인간복제의 시대가 온다 | 김홍재
184 수소 혁명의 시대 | 김미선 📖
185 로봇 이야기 | 김문상 📖
186 일본의 정체성 | 김필동 📖🔍
187 일본의 서양문화 수용사 | 정하미 📖🔍
188 번역과 일본의 근대 | 최경옥 📖
189 전쟁국가 일본 | 이성환 📖
190 한국과 일본 | 하우봉 📖
191 일본 누드 문화사 | 최유경 📖
192 주신구라 | 이준섭 📖
193 일본의 신사 | 박규태 📖
194 미야자키 하야오 | 김윤아 🔊
195 애니메이션으로 보는 일본 | 박규태 📖
196 디지털 에듀테인먼트 스토리텔링 | 강심호 📖
197 디지털 애니메이션 스토리텔링 | 배주영 📖
198 디지털 게임의 미학 | 전경란 📖
199 디지털 게임 스토리텔링 | 한혜원 📖
200 한국형 디지털 스토리텔링 | 이인화 📖

201 디지털 게임, 상상력의 새로운 영토 | 이정엽 🔊
202 프로이트와 종교 | 권수영 📖
203 영화로 보는 태평양전쟁 | 이동훈 📖
204 소리의 문화사 | 김토일 📖
205 극장의 역사 | 임종엽 📖
206 뮤지엄건축 | 서상우 📖
207 한옥 | 박명덕 📖 🔎
208 한국만화사 산책 | 손상익
209 만화 속 백수 이야기 | 김성훈
210 코믹스 만화의 세계 | 박석환 📖
211 북한만화의 이해 | 김성훈 · 박소현
212 북한 애니메이션 | 이대연 · 김경임
213 만화로 보는 미국 | 김기홍
214 미생물의 세계 | 이재열 📖
215 빛과 색 | 변종철 📖
216 인공위성 | 장영근 📖
217 문화콘텐츠란 무엇인가 | 최연구 📖 🔎
218 고대 근동의 신화와 종교 | 강성열
219 신비주의 | 금인숙 📖
220 십자군, 성전과 약탈의 역사 | 진원숙
221 종교개혁 이야기 | 이성덕 📖
222 자살 | 이진홍 📖
223 성, 그 억압과 진보의 역사 | 윤가현 📖 🔎
224 아파트의 문화사 | 박철수 📖
225 권오길 교수가 들려주는 생물의 섹스 이야기 | 권오길 📖
226 동물행동학 | 임신재 📖
227 한국 축구 발전사 | 김성원 📖
228 월드컵의 위대한 전설들 | 서준형
229 월드컵의 강국들 | 심재희
230 스포츠마케팅의 세계 | 박찬혁
231 일본의 이중권력, 쇼군과 천황 | 다카시로 고이치
232 일본의 사소설 | 안영희
233 글로벌 매너 | 박한표
234 성공하는 중국 진출 가이드북 | 우수근
235 20대의 정체성 | 정성호 📖
236 중년의 사회학 | 정성호 📖
237 인권 | 차병직 📖
238 헌법재판 이야기 | 오호택 📖
239 프라하 | 김규진 📖
240 부다페스트 | 김성진 📖
241 보스턴 | 황선희 📖
242 돈황 | 전인초 📖
243 보들레르 | 이건수 📖
244 돈 후안 | 정동섭 📖
245 사르트르 참여문학론 | 변광배 📖
246 문제론 | 이종오 📖
247 올더스 헉슬리 | 김효원 📖
248 탈식민주의에 대한 성찰 | 박종성 📖 🔎
249 서양 무기의 역사 | 이내주 📖
250 백화점의 문화사 | 김인호 📖
251 초콜릿 이야기 | 정한진 📖
252 향신료 이야기 | 정한진 📖
253 프랑스 미식 기행 | 심순철
254 음식 이야기 | 윤진아 📖 🔎

255 비틀스 | 고영탁 📖
256 현대시와 불교 | 오세영 📖
257 불교의 선악론 | 안옥선 🔎
258 질병의 사회사 | 신규환 📖 🔎
259 와인의 문화사 | 고형욱 📖
260 와인, 어떻게 즐길까 | 김준철 📖 🔎
261 노블레스 오블리주 | 예종석 📖 🔎
262 미국인의 탄생 | 김진웅 📖
263 기독교의 교파 | 남병두 📖
264 플로티노스 | 조규홍 📖
265 아우구스티누스 | 박경숙 📖
266 안셀무스 | 김영철 📖
267 중국 종교의 역사 | 박종우 📖
268 인도의 신화와 종교 | 정광흠
269 이라크의 역사 | 공일주 📖
270 르 코르뷔지에 | 이관석 📖
271 김수영, 혹은 시적 양심 | 이은정 📖 🔎 🔊
272 의학사상사 | 여인석 📖
273 서양의학의 역사 | 이재담 📖 🔎
274 몸의 역사 | 강신익 🔎
275 인류를 구한 항균제들 | 예병일 📖
276 전쟁의 판도를 바꾼 전염병 | 예병일 📖
277 사상의학 바로 알기 | 장동민 📖
278 조선의 명의들 | 김호 📖
279 한국인의 관계심리학 | 권수영 📖 🔎
280 모건의 가족 인류학 | 김용환
281 예수가 상상한 그리스도 | 김호경
282 사르트르와 보부아르의 계약결혼 | 변광배 📖 🔎
283 초기 기독교 이야기 | 진원숙 📖
284 동유럽의 민족 분쟁 | 김철민 📖
285 비잔티제국 | 진원숙 📖
286 오스만제국 | 진원숙 📖
287 별을 보는 사람들 | 조상호
288 한미 FTA 후 직업의 미래 | 김준성 📖
289 구조주의와 그 이후 | 김종우 📖
290 아도르노 | 이종하 📖
291 프랑스 혁명 | 서정복 📖 🔎
292 메이지유신 | 장인성 📖 🔎
293 문화대혁명 | 백승욱 📖 🔎
294 기생 이야기 | 신현규 📖
295 에베레스트 | 김법모 📖
296 빈 | 인성기 📖
297 발트3국 | 서진석 📖
298 아일랜드 | 한일동 📖
299 이케다 하야토 | 권혁기 📖
300 박정희 | 김성진 📖 🔊
301 리콴유 | 김성진 📖
302 덩샤오핑 | 박형기 📖
303 마거릿 대처 | 박동운 📖 🔊
304 로널드 레이건 | 김형곤 📖 🔊
305 셰이크 모하메드 | 최진영 📖
306 유엔사무총장 | 김정태 📖
307 농구의 탄생 | 손대범 📖
308 홍차 이야기 | 정은희 📖 🔎

309 인도 불교사 | 김미숙
310 아힌사 | 이정호
311 인도의 경전들 | 이재숙
312 글로벌 리더 | 백형찬
313 탱고 | 배수경
314 미술경매 이야기 | 이규현
315 달마와 그 제자들 | 우봉규
316 회두와 좌선 | 김호귀
317 대학의 역사 | 이광주
318 이슬람의 탄생 | 진원숙
319 DNA분석과 과학수사 | 박기원
320 대통령의 탄생 | 조지형
321 대통령의 퇴임 이후 | 김형곤
322 미국의 대통령 선거 | 윤용희
323 프랑스 대통령 이야기 | 최연구
324 실용주의 | 이유선
325 맥주의 세계 | 원융희
326 SF의 법칙 | 고장원
327 원효 | 김원명
328 베이징 | 조창완
329 상하이 | 김윤희
330 홍콩 | 유영하
331 중화경제의 리더들 | 박형기
332 중국의 엘리트 | 주장환
333 중국의 소수민족 | 정재남
334 중국을 이해하는 9가지 관점 | 우수근
335 고대 페르시아의 역사 | 유흥태
336 이란의 역사 | 유흥태
337 에스파한 | 유흥태
338 번역이란 무엇인가 | 이향
339 해체론 | 조규형
340 자크 라캉 | 김용수
341 하지홍 교수의 개 이야기 | 하지홍
342 다방과 카페, 모던보이의 아지트 | 장유정
343 역사 속의 채식인 | 이광조 (절판)
344 보수와 진보의 정신분석 | 김용신
345 저작권 | 김기태
346 왜 그 음식은 먹지 않을까 | 정한진
347 플라멩코 | 최명호
348 월트 디즈니 | 김지영
349 빌 게이츠 | 김익현
350 스티브 잡스 | 김상훈
351 잭 웰치 | 하정필
352 워렌 버핏 | 이민주
353 조지 소로스 | 김성진
354 마쓰시타 고노스케 | 권혁기
355 도요타 | 이우광
356 기술의 역사 | 송성수
357 미국의 총기 문화 | 손영호
358 표트르 대제 | 박지배
359 조지 워싱턴 | 김형곤
360 나폴레옹 | 서정복
361 비스마르크 | 김장수
362 모택동 | 김승일

363 러시아의 정체성 | 기연수
364 너는 시방 위험한 로봇이다 | 오은
365 발레리나를 꿈꾼 로봇 | 김선혁
366 로봇 선생님 가라사대 | 안동근
367 로봇 디자인의 숨겨진 규칙 | 구신애
368 로봇을 향한 열정, 일본 애니메이션 | 안병욱
369 도스토예프스키 | 박영은
370 플라톤의 교육 | 장영란
371 대공황 시대 | 양동휴
372 미래를 예측하는 힘 | 최연구
373 꼭 알아야 하는 미래 질병 10가지 | 우정헌
374 과학기술의 개척자들 | 송성수
375 레이첼 카슨과 침묵의 봄 | 김재호
376 좋은 문장 나쁜 문장 | 송준호
377 바울 | 김호경
378 테킬라 이야기 | 최명호
379 어떻게 일본 과학은 노벨상을 탔는가 | 김범성
380 기후변화 이야기 | 이유진
381 상송 | 전금주
382 이슬람 예술 | 전완경
383 페르시아의 종교 | 유흥태
384 삼위일체론 | 유해무
385 이슬람 율법 | 공일주
386 금강경 | 곽철환
387 루이스 칸 | 김낙중 · 정태용
388 톰 웨이츠 | 신주현
389 위대한 여성 과학자들 | 송성수
390 법원 이야기 | 오호택
391 명예훼손이란 무엇인가 | 안상운
392 사법권의 독립 | 조지형
393 피해자학 강의 | 장규원
394 정보공개란 무엇인가 | 안상운
395 적정기술이란 무엇인가 | 김정태 · 홍성욱
396 치명적인 금융위기, 왜 유독 대한민국인가 | 오형규
397 지방자치단체, 돈이 새고 있다 | 최인욱
398 스마트 위험사회가 온다 | 민경식
399 한반도 대재난, 대책은 있는가 | 이정직
400 불안사회 대한민국, 복지가 해답인가 | 신광영
401 21세기 대한민국 대외전략 | 김기수
402 보이지 않는 위협, 종북주의 | 류현수
403 우리 헌법 이야기 | 오호택
404 핵심 중국어 간체자(簡體字) | 김현정
405 문화생활과 문화주택 | 김용범
406 미래주거의 대안 | 김세용 · 이재준
407 개방과 폐쇄의 딜레마, 북한의 이중적 경제 | 남성욱·정유석
408 연극과 영화를 통해 본 북한 사회 | 민병욱
409 먹기 위한 개방, 살기 위한 핵외교 | 김계동
410 북한 정권 붕괴 가능성과 대비 | 전경주
411 북한을 움직이는 힘, 군부의 패권경쟁 | 이영훈
412 인민의 천국에서 벌어지는 인권유린 | 허만호
413 성공을 이끄는 마케팅 법칙 | 추성엽
414 커피로 알아보는 마케팅 베이직 | 김민주
415 쓰나미의 과학 | 이호준
416 20세기를 빛낸 극작가 20인 | 백승무

417 20세기의 위대한 지휘자 | 김문경
418 20세기의 위대한 피아니스트 | 노태헌
419 뮤지컬의 이해 | 이동섭
420 위대한 도서관 건축 순례 | 최정태
421 아름다운 도서관 오디세이 | 최정태
422 롤링 스톤즈 | 김기범
423 서양 건축과 실내디자인의 역사 | 천진희
424 서양 가구의 역사 | 공혜원
425 비주얼 머천다이징&디스플레이 디자인 | 강희수
426 호감의 법칙 | 김경호
427 시대의 지성, 노암 촘스키 | 임기대
428 역사로 본 중국음식 | 신계숙
429 일본요리의 역사 | 박병학
430 한국의 음식문화 | 도현신
431 프랑스 음식문화 | 민혜련
432 중국차 이야기 | 조은아
433 디저트 이야기 | 안호기
434 치즈 이야기 | 박승용
435 면(麵) 이야기 | 김한송
436 막걸리 이야기 | 정은숙
437 알렉산드리아 비블리오테카 | 남태우
438 개헌 이야기 | 오호택
439 전통 명품의 보고, 규장각 | 신병주
440 에로스의 예술, 발레 | 김도윤
441 소크라테스를 알라 | 장영란
442 소프트웨어가 세상을 지배한다 | 김재호
443 국제난민 이야기 | 김철민
444 셰익스피어 그리고 인간 | 김도윤
445 명상이 경쟁력이다 | 김필수
446 갈매나무의 시인 백석 | 이숭원
447 브랜드를 알면 자동차가 보인다 | 김흥식
448 파이온에서 힉스 입자까지 | 이강영
449 알고 쓰는 화장품 | 구희연
450 희망이 된 인문학 | 김호연
451 한국 예술의 큰 별 동랑 유치진 | 백형찬
452 경허와 그 제자들 | 우봉규
453 논어 | 윤홍식
454 장자 | 이기동
455 맹자 | 장현근
456 관자 | 신창호
457 순자 | 윤무학
458 미사일 이야기 | 박준복
459 사주(四柱) 이야기 | 이지형
460 영화로 보는 로큰롤 | 김기범
461 비타민 이야기 | 김정환
462 장군 이순신 | 도현신
463 전쟁의 심리학 | 이윤규
464 미국의 장군들 | 여영무
465 첨단무기의 세계 | 양낙규
466 한국무기의 역사 | 이내주
467 노자 | 임헌규
468 한비자 | 윤찬원
469 묵자 | 박문현
470 나는 누구인가 | 김용신

471 논리적 글쓰기 | 여세주
472 디지털 시대의 글쓰기 | 이강룡
473 NLL을 말하다 | 이상철
474 뇌의 비밀 | 서유헌
475 버트런드 러셀 | 박병철
476 에드문트 후설 | 박인철
477 공간 해석의 지혜, 풍수 | 이지형
478 이야기 동양철학사 | 강성률
479 이야기 서양철학사 | 강성률
480 독일 계몽주의의 유학적 기초 | 전홍석
481 우리말 한자 바로쓰기 | 안광희
482 유머의 기술 | 이상훈
483 관상 | 이태룡
484 가상학 | 이태룡
485 역경 | 이태룡
486 대한민국 대통령들의 한국경제 이야기 1 | 이장규
487 대한민국 대통령들의 한국경제 이야기 2 | 이장규
488 별자리 이야기 | 이형철 외
489 셜록 홈즈 | 김재성
490 역사를 움직인 중국 여성들 | 이양자
491 중국 고전 이야기 | 문승용
492 발효 이야기 | 이미란
493 이승만 평전 | 이주영
494 미군정시대 이야기 | 차상철
495 한국전쟁사 | 이희진
496 정전협정 | 조성훈
497 북한 대남 침투도발사 | 이윤규
498 수상 | 이태룡
499 성명학 | 이태룡
500 결혼 | 남정욱
501 광고로 보는 근대문화사 | 김병희
502 시조의 이해 | 임형선
503 일본인은 왜 속마음을 말하지 않을까 | 임영철
504 내 사랑 아다지오 | 양태조
505 수프림 오페라 | 김도윤
506 바그너의 이해 | 서정원
507 원자력 이야기 | 이정익
508 이스라엘과 창조경제 | 정성호
509 한국 사회 빈부의식은 어떻게 변했는가 | 김용신
510 요하문명과 한반도 | 우실하
511 고조선왕조실록 | 이희진
512 고구려조선왕조실록 1 | 이희진
513 고구려조선왕조실록 2 | 이희진
514 백제왕조실록 1 | 이희진
515 백제왕조실록 2 | 이희진
516 신라왕조실록 1 | 이희진
517 신라왕조실록 2 | 이희진
518 신라왕조실록 3 | 이희진
519 가야왕조실록 | 이희진
520 발해왕조실록 | 구난희
521 고려왕조실록 1 (근간)
522 고려왕조실록 2 (근간)
523 조선왕조실록 1 | 이성무
524 조선왕조실록 2 | 이성무

525 조선왕조실록 3 | 이성무 🔳 🔎
526 조선왕조실록 4 | 이성무 🔳 🔎
527 조선왕조실록 5 | 이성무 🔳 🔎
528 조선왕조실록 6 | 편집부 🔳 🔎
529 정한론 | 이기용 🔳
530 청일전쟁 | 이성환
531 러일전쟁 | 이성환
532 이슬람 전쟁사 | 진원숙 🔳
533 소주이야기 | 이지형 🔳
534 북한 남침 이후 3일간, 이승만 대통령의 행적 | 남정옥 🔳
535 제주 신화 1 | 이석범
536 제주 신화 2 | 이석범
537 제주 전설 1 | 이석범 (절판)
538 제주 전설 2 | 이석범 (절판)
539 제주 전설 3 | 이석범 (절판)
540 제주 전설 4 | 이석범 (절판)
541 제주 전설 5 | 이석범 (절판)
542 제주 민담 | 이석범
543 서양의 명장 | 박기련 🔳
544 동양의 명장 | 박기련 🔳
545 루소, 교육을 말하다 | 고봉만 · 황성원 🔳
546 철학으로 본 앙트러프러너십 | 전인수 🔳
547 예술과 앙트러프러너십 | 조명계 🔳
548 예술마케팅 | 전인수 🔳
549 비즈니스상상력 | 전인수 🔳
550 개념설계의 시대 | 전인수 🔳
551 미국 독립전쟁 | 김형곤 🔳
552 미국 남북전쟁 | 김형곤 🔳
553 초기불교 이야기 | 곽철환 🔳
554 한국가톨릭의 역사 | 서정민 🔳
555 시아 이슬람 | 유흥태 🔳
556 스토리텔링에서 스토리두잉으로 | 윤주 🔳
557 백세시대의 지혜 | 신현동 🔳
558 구보 씨가 살아온 한국 사회 | 김병희 🔳
559 정부광고로 보는 일상생활사 | 김병희
560 정부광고의 국민계몽 캠페인 | 김병희
561 도시재생이야기 | 윤주 🔳 🔎
562 한국의 핵무장 | 김재엽 🔳
563 고구려 비문의 비밀 | 정호섭 🔳
564 비슷하면서도 다른 한중문화 | 장범성 🔳
565 급변하는 현대 중국의 일상 | 장시,리우린,장범성
566 중국의 한국 유학생들 | 왕링윈, 장범성
567 밥 딜런 그의 나라에는 누가 사는가 | 오민석 🔳
568 언론으로 본 정부 정책의 변천 | 김병희
569 전통과 보수의 나라 영국 1–영국 역사 | 한일동 🔳
570 전통과 보수의 나라 영국 2–영국 문화 | 한일동 🔳
571 전통과 보수의 나라 영국 3–영국 현대 | 김언조 🔳
572 제1차 세계대전 | 윤형호
573 제2차 세계대전 | 윤형호
574 라벨로 보는 프랑스 포도주의 이해 | 전경준
575 미셸 푸코, 말과 사물 | 이규현
576 프로이트, 꿈의 해석 | 김석 🔳
577 왜 5장 | 홍성화
578 소가씨 4대 | 나행주

579 미나모토노 요리토모 | 남기학
580 도요토미 히데요시 | 이계황
581 요시다 쇼인 | 이희복 🔳
582 시부사와 에이이치 | 양의모
583 이토 히로부미 | 방광석
584 메이지 천황 | 박진우
585 하라 다카시 | 김영숙
586 히라쓰카 라이초 | 정애영
587 고노에 후미마로 | 김봉식
588 모방이론으로 본 시장경제 | 김진식 🔳
589 보들레르의 풍자적 현대문명 비판 | 이건수 🔳
590 원시유교 | 한성구 🔳
591 도가 | 김대근
592 춘추전국시대의 고민 | 김현주 🔳
593 사회계약론 | 오수웅
594 조선의 예술혼 | 백형찬 🔳
595 좋은 영어, 문체와 수사 | 박종성

절대왕정의 탄생

| 펴낸날 | 초판 1쇄 2004년 5월 15일 |
| | 초판 3쇄 2023년 3월 23일 |

지은이	임승휘
펴낸이	심만수
펴낸곳	(주)살림출판사
출판등록	1989년 11월 1일 제9-210호

주소	경기도 파주시 광인사길 30
전화	031-955-1350 팩스 031-624-1356
홈페이지	http://www.sallimbooks.com
이메일	book@sallimbooks.com

| ISBN | 978-89-522-0225-3   04080 |
| | 978-89-522-0096-9   04080 (세트) |

※ 값은 뒤표지에 있습니다.
※ 잘못 만들어진 책은 구입하신 서점에서 바꾸어 드립니다.